CB081933

Atividade física e alimentação saudável na escola

Instituto Phorte Educação
Phorte Editora

Diretor-Presidente
Fabio Mazzonetto

Diretora Financeira
Vânia M.V. Mazzonetto

Editor-Executivo
Fabio Mazzonetto

Diretora Administrativa
Elizabeth Toscanelli

Conselho Editorial
Francisco Navarro
José Irineu Gorla
Marcos Neira
Neli Garcia
Reury Frank Bacurau
Roberto Simão

Atividade física e alimentação saudável na escola

Um programa de educação para a saúde

Teresa Maria Bianchini de Quadros
Alex Pinheiro Gordia
Vanessa Barbosa Facina

Phorte editora
São Paulo, 2019

Atividade física e alimentação saudável na escola: um programa de educação para a saúde
Copyright © 2019 by Phorte Editora

Rua Rui Barbosa, 408
Bela Vista – São Paulo – SP
CEP: 01326-010
Tel.: (11) 3141-1033
Site: www.phorte.com.br
E-mail: phorte@phorte.com.br

Nenhuma parte deste livro pode ser reproduzida ou transmitida de qualquer forma, sem autorização prévia por escrito da Phorte Editora.

CIP-BRASIL. CATALOGAÇÃO NA PUBLICAÇÃO
SINDICATO NACIONAL DOS EDITORES DE LIVROS, RJ

Q18a

Quadros, Teresa Maria Bianchini de
Atividade física e alimentação saudável na escola : um programa de educação para a saúde / Teresa Maria Bianchini de Quadros, Alex Pinheiro Gordia, Vanessa Barbosa Facina. - 1. ed. - São Paulo : Phorte, 2019.
304 p. : il. ; 24 cm.

Inclui bibliografia
ISBN 978-85-7655-749-4

1. Educação física - Estudo e ensino. 2. Hábitos alimentares. 3. Saúde escolar. 4. Escolas - Serviços de promoção da saúde. I. Gordia, Alex Pinheiro. II. Facina, Vanessa Barbosa. III. Título.

19-61770 CDD: 371.71
CDU: 37.017:613.71

Meri Gleice Rodrigues de Souza - Bibliotecária CRB-7/6439
ph2402.1

Este livro foi avaliado e aprovado pelo Conselho Editorial da Phorte Editora.

Impresso no Brasil
Printed in Brazil

Com todo o nosso afeto, dedicamos esta obra às pessoas que nos motivaram a fazê-la: os escolares e seus familiares, as professoras, as merendeiras, enfim, toda a comunidade escolar. Esperamos ter contribuído, e continuar contribuindo, para a adesão a comportamentos ativos e à alimentação saudável.

Apresentação

Caro leitor, esta obra trata do Programa de Educação pelo Trabalho para a Saúde (PET-Saúde) intitulado *Promoção da Saúde do Escolar*, realizado em Amargosa, na Bahia. Fazemos um convite especial para você embarcar na leitura dos capítulos deste livro, que está dividido em três partes.

A Parte 1 é sobre *A promoção da saúde do escolar e o trabalho interdisciplinar*. Essa parte está estruturada em dez capítulos, que têm por objetivo apresentar os planos de trabalho das dez oficinas realizadas com os escolares, bem como os sucessos, os fracassos e as reflexões sobre a aplicação desses planos.

A Parte 2 aborda a temática *Envolvendo a comunidade escolar em ações de promoção da saúde*. Nessa parte, estruturada em três capítulos, apresentamos estratégias que visam facilitar a ação de pais, merendeiras e professoras como agentes promotores da saúde do escolar.

A Parte 3 refere-se aos *Relatos de experiência* de petianos, gestores, diretores, coordenação pedagógica e professores de escolas que participaram do programa. Essa parte foi estruturada em três capítulos que apresentam a percepção dos atores envolvidos no PET *Promoção da Saúde do Escolar*, com foco na avaliação geral do programa.

Caso você se sinta estimulado pelas experiências descritas nesta obra, não se esqueça de que as respostas obtidas podem ser completamente diferentes, mas os objetivos e a funcionalidade dos resultados serão os mesmos. Portanto, sinta-se à vontade para conhecer e reproduzir as intervenções realizadas, com ênfase nas principais demandas que foram encontradas sobre educação em saúde nas escolas.

O grupo PET-Saúde convida você, caro leitor, a conhecer essa história de aprendizados e de reflexões por meio de cada plano de trabalho, elaborado com dedicação pela equipe. Não deixe de observar os sucessos e os fracassos – eles também fazem parte da construção deste trabalho. É importante lembrar que todas as propostas de intervenção foram desenvolvidas especialmente para crianças, mas podem ser adaptadas de acordo com a faixa etária do público-alvo. Independentemente de seu objetivo com esta leitura, esteja certo de que viajar pelos planos de trabalho e visualizar as atividades fará você conhecer a riqueza que está por trás da promoção da saúde do escolar.

Boa leitura!

Teresa Maria Bianchini de Quadros
Alex Pinheiro Gordia
Vanessa Barbosa Facina

Prefácio

Esta obra representa um desafio que foi vencido de forma ímpar, pela contribuição de uma equipe comprometida com o ideal de que é possível realizar um projeto quando se tem um objetivo definido e todos trabalham juntos. Traz uma forma inovadora de apresentar questões relacionadas à escola na sua ação mais abrangente, de beneficiar não só seus alunos, mas, também, seus familiares e toda uma comunidade, por meio de um trabalho diário de envolvimento em Educação para a Saúde. Seu conteúdo está atualizado e detalhado sobre duas questões de extrema importância na atualidade: a atividade física e a alimentação. Os conhecimentos nessas áreas continuam evoluindo, mas pouco se tem feito em termos de intervenção. Os autores nos demonstram que mudanças são factíveis quando há planejamento, decisão e execução adequados. Tenho orgulho em prefaciar esta obra, em vista de seu significado, e tenho a certeza de que servirá de modelo com benefícios e reflexões de várias naturezas para as atuais e as futuras gerações.

Luciana Rodrigues Silva
Professora titular de Pediatria e chefe do Serviço de Gastroenterologia e Hepatologia Pediátricas da Universidade Federal da Bahia
Presidente da Sociedade Brasileira de Pediatria
Membro da Academia Brasileira de Pediatria

Sumário

Introdução

Teresa Maria Bianchini de Quadros
Alex Pinheiro Gordia

PET *Promoção da Saúde do Escolar*: bases teóricas e metodológicas

O presente texto tem como objetivo apresentar as bases teóricas e metodológicas adotadas no programa intitulado *Promoção da Saúde do Escolar* desenvolvido em cinco escolas rurais do município de Amargosa (BA), região Nordeste do Brasil, com base em ações do Programa de Educação pelo Trabalho para a Saúde (PET-Saúde) do Ministério da Saúde. O intuito do programa foi contribuir para a formação integral de crianças e de adolescentes estudantes da rede pública de ensino do município de Amargosa por meio de ações de promoção, de prevenção e de atenção à saúde, com vistas ao enfrentamento das vulnerabilidades que comprometem o pleno crescimento/desenvolvimento de indivíduos nessa faixa etária.

Nesta obra, nosso programa será citado como *PET Promoção da Saúde do Escolar* ou como *PET-Saúde*, e nossa equipe será chamada de *petianos*. Questões referentes à apresentação de planos de trabalho, à aplicação do programa com nossos sucessos, aos fracassos, às reflexões, aos relatos de experiência serão abordadas no decorrer do livro.

Bases teóricas

O programa baseou-se na perspectiva teórica de documentos e ações do Ministério da Saúde, como: Programa Saúde na Escola,[1] Política Nacional de Promoção da Saúde,[2] Estratégia de Saúde da Família,[3] Diretrizes do Núcleo de Apoio a Saúde da Família,[4] Plano de Ações Estratégicas para o Enfrentamento das Doenças Crônicas Não Transmissíveis no Brasil (2011-2022),[5] Política Nacional de Educação Permanente em Saúde,[6] Programa Nacional de Reorientação da Formação Profissional em Saúde[7] e Agenda Estratégica da Secretaria de Vigilância em Saúde (2011-2015).[8]

O desenvolvimento das atividades baseou-se, sobretudo, no Programa Saúde na Escola,[1] bem como na articulação deste com o Projeto Político Pedagógico das escolas, as vivências da comunidade escolar e as capacidades individuais dos envolvidos. Houve foco específico no Componente II do Programa Saúde na Escola,[1] intitulado *Promoção e Prevenção à Saúde*, com ênfase nos tópicos relacionados a *Ações de segurança alimentar e promoção da alimentação saudável* e *Promoção das práticas corporais e atividade física nas escolas*. A seguir, o detalhamento desses tópicos:

- *Ações de segurança alimentar e promoção da alimentação saudável*
  - Ações de educação alimentar e nutricional.
  - Estímulo à produção de hortas escolares.
  - Estímulo à implantação das boas práticas de manipulação nos serviços que ofertam alimentação escolar.
  - Incentivo à restrição do comércio de alimentos e preparações com altos teores de gorduras saturada e trans, açúcar livre (refinado) e sal.
  - Incentivo ao consumo de frutas, de verduras e de legumes e à criação de "cantinas saudáveis".
  - Atividades de educação alimentar para os pais/responsáveis.

- *Promoção das práticas corporais e atividade física nas escolas*
  - Realização de festivais de jogos esportivos e populares.
  - Implementação do "recreio dirigido" nas escolas.
  - Realização de palestras/oficinas.
  - Inclusão, nas atividades extracurriculares, de passeios temáticos, de brincadeiras no parque, de caminhadas ecológicas etc.
  - Desenvolvimento de jogos escolares interclasses ou interescolas como estímulo à prática de esporte.

Bases metodológicas

Definição do município/comunidade

A definição de municípios e/ou comunidades que necessitam da implantação de programas de promoção da saúde representa o primeiro passo a ações de intervenção. Sugere-se que a escolha se baseie no perfil de saúde, econômico e social, visando atender, preferencialmente, a municípios/comunidades com maior vulnerabilidade nesses aspectos. Nesse sentido, Amargosa tornou-se o município-alvo das ações do PET *Promoção da Saúde do Escolar.*

De acordo com o Datasus,[9] em 2012, ano de elaboração do projeto do PET *Promoção da Saúde do Escolar*, havia 994 indivíduos com diabetes cadastrados no Sistema Único de Saúde (SUS) do município de Amargosa, o que representava 2,9% da população do município. No que se refere à hipertensão, no ano de 2012, estavam cadastrados como hipertensos no SUS 3.755 munícipes, representando 10,8% da população.[9] Considerando que a prevalência de doenças estimada pelo Datasus é, muitas vezes, subestimada, as informações supracitadas se tornam ainda mais preocupantes.

Quanto à obesidade, não se tem conhecimento da atual proporção de indivíduos acima do peso no município de Amargosa. Contudo, é notório, no âmbito científico, o crescente aumento da obesidade em todo o mundo e a relação direta dessa patologia com o diabetes melito e a hipertensão arterial sistêmica.[10-12] Esses aspectos, por si próprios, justificam a realização de uma intervenção que vise ao enfrentamento da obesidade no município.

No que se refere à infância e à adolescência, os dados disponíveis sobre a saúde da população escolar do município de Amargosa (BA) são bastante preocupantes. Um levantamento epidemiológico de base escolar realizado em 2012 com 1.139 escolares de ambos os sexos, alunos do 1º ao 9º ano do Ensino Fundamental e do 1º ao 3º ano do Ensino Médio da rede pública e privada do município de Amargosa investigou o perfil demográfico, socioeconômico e de indicadores de saúde. Os achados do levantamento indicaram que 83,7% dos escolares apresentaram comportamento sedentário excessivo; 56,4% eram insuficientemente ativos; mais de 80% apresentaram consumo insuficiente de frutas, de verduras e de legumes; 16,4% estavam acima do peso; 27,8% tinham pressão arterial (PA) elevada; 6,6% apresentaram hiperglicemia; 62,1% estavam com dislipidemia; 11% tinham síndrome metabólica.[13]

Vale destacar alguns aspectos econômicos e sociodemográficos referentes à população amargosense. A população do município foi estimada em 34.845 habitantes no ano de 2012.[14] De acordo com o Programa das Nações Unidas para o Desenvolvimento,[15] o Índice de Desenvolvimento

Humano (IDH) do município era de 0,625, bem abaixo do IDH do Brasil (0,744). Além disso, de acordo com o Censo de 2010, 34,6% dos habitantes do município estavam abaixo da linha da pobreza.[16]

Os indicadores citados refletem a vulnerabilidade econômica, social e de condições de saúde da população do município e evidenciam a necessidade do fortalecimento de ações que visem à promoção da saúde. Com base nesse contexto, surgiram as inquietações que conduziram à formação de um grupo de trabalho composto por docentes e discentes dos cursos de Licenciatura em Educação Física e Bacharelado em Nutrição da Universidade Federal do Recôncavo da Bahia (UFRB) e de funcionários de diferentes áreas do conhecimento das Secretarias Municipais de Saúde e de Educação de Amargosa, para a elaboração da presente proposta. Acredita-se que o desenvolvimento de programas com a parceria entre universidades e municípios é fundamental para fortalecer e promover a expansão e articulação das ações de promoção da saúde.

Abordagem metodológica

Do ponto de vista teórico, o presente programa baseou-se na metodologia da *teoria da problematização*, percorrendo as cinco etapas do arco de Maguerez:[17]

- Observação da realidade.
- Identificação dos problemas/das demandas.
- Teorização.
- Hipótese de solução: planejamento.
- Aplicação: execução da ação.

Com base nessas cinco etapas, as ações educativas em promoção da saúde foram desenvolvidas considerando o embasamento teórico dos documentos do Ministério da Saúde citados anteriormente e as demandas, os saberes e os fazeres da comunidade envolvida.

Vale destacar que o presente projeto utilizou metodologia participativa, na qual a comunidade envolvida esteve ativamente inserida na estruturação e na execução do projeto, atuando como articuladora do ensino e da prática construídos. Nesse sentido, apesar de algumas atividades e de alguns conteúdos já terem sido previamente estabelecidos no programa, seu desenvolvimento foi definido com a comunidade escolar, levando em consideração seus anseios e necessidades.

Equipe de trabalho

A equipe foi composta por três tutores acadêmicos (dois docentes do curso de Licenciatura em Educação Física e um docente do curso de Bacharelado em Nutrição) coordenadores do programa, duas preceptoras (uma nutricionista e uma médica) funcionárias da Secretaria de Saúde de Amargosa, três discentes do curso de Licenciatura em Educação Física e seis discentes do curso de Bacharelado em Nutrição.

- *Atribuições dos tutores acadêmicos, dos preceptores e dos discentes*

De forma geral, os tutores acadêmicos, os preceptores e os discentes tiveram atribuições específicas:

- *Tutores acadêmicos*: coordenação do programa, contribuição para a formação dos preceptores e dos discentes, orientação e supervisão das atividades realizadas nas escolas, orientação de trabalhos acadêmicos e discussão sobre relatórios de atividades dos discentes.
- *Preceptores*: orientação e supervisão dos discentes nas escolas e correção dos relatórios de atividades dos discentes.
- *Discentes*: desenvolvimento das ações práticas nas escolas, levantamento bibliográfico sobre o tema estudado, publicação e/ou apresentação de trabalhos em eventos de natureza científica e produção de relatórios de atividades semanais.

Público-alvo

Comunidade escolar composta por direção, equipe pedagógica, professores, merendeiras, demais servidores, escolares e pais.

Cenário das práticas

A *escola* foi o ponto de encontro entre o programa e a comunidade, tendo em vista que esse espaço é considerado privilegiado para o desenvolvimento de ações de promoção da saúde. Nesse sentido, foi na escola que os escolares e os pais tiveram acesso às informações sobre o projeto e foram convidados a participar das ações, bem como foi na escola que todas as atividades foram desenvolvidas. O programa foi desenvolvido em cinco escolas rurais do Ensino Fundamental I, com número de alunos entre 30 e 104 por escola.

Organização das atividades

O primeiro semestre de trabalho do grupo baseou-se em atividades de estudo dirigido, discussões em grupo, produção dos planos de trabalho a serem aplicados nas escolas e organização das ações práticas. Para tanto, pequenas reuniões foram realizadas com toda a equipe de trabalho visando construir, de forma interdisciplinar, as oficinas e as atividades que seriam aplicadas com escolares, pais, merendeiras e professoras. Paralelamente a essas atividades, diversas reuniões com representantes das escolas e das Secretarias de Educação e de Saúde do município foram realizadas para a organização logística do programa e do calendário de ações em cada escola participante.

No segundo semestre de trabalho, foram iniciadas as atividades nas escolas. O tempo de realização das ações do programa foi de cerca de um semestre letivo em cada escola. O calendário de atividades foi organizado conjuntamente com a equipe pedagógica de cada escola, porém, não era possível ficar mais de uma semana sem realizar atividades, pois um período longo sem contato com a comunidade escolar representa um fator que pode desestimular os envolvidos e fadar a ação em saúde ao fracasso. As ações foram estruturadas em oficinas para os escolares, para os pais e para as merendeiras, e em atividades de suporte didático-pedagógico para as professoras. Cada oficina foi ministrada por um grupo de três petianos, composto por dois graduandos em Nutrição e um graduando em Educação Física, além de um preceptor e um tutor. Todas as ações foram desenvolvidas em grupo, visando manter o estímulo à interdisciplinaridade, tanto na construção teórica do programa quanto nas atividades práticas realizadas com a comunidade escolar.

Para os escolares, foram realizadas dez oficinas, uma por semana, com duração aproximada de 60 minutos cada. A proposta foi desenvolver as oficinas separadamente por turma. Contudo, muitas vezes, as turmas de 1º e 2º ano ou as de 4º e 5º ano eram agrupadas, tendo em vista o pequeno número de escolares por turma em algumas escolas e/ou em razão de problemas de disponibilidade da equipe para trabalhar com todas as turmas separadamente. As temáticas abordadas foram as seguintes:

- Observação.
- Diagnóstico do consumo alimentar.
- Diagnóstico da prática de atividades físicas.
- Pirâmide alimentar.
- Pirâmide da atividade física.
- Doenças crônicas não transmissíveis: obesidade.
- Doenças crônicas não transmissíveis: hipertensão arterial sistêmica.
- Doenças crônicas não transmissíveis: diabetes melito.
- Saúde óssea.
- Atividades de encerramento.

Foram realizadas duas oficinas com os pais, além das atividades de encerramento para as quais eles foram convidados a participar, e duas oficinas com as merendeiras. Nessas oficinas, aspectos teóricos e práticos foram trabalhados, mas o objetivo geral foi que pais e merendeiras percebessem sua importância como promotores da saúde dos escolares e que se sentissem aptos para atuar como tais.

Também foram construídas diversas atividades extras relacionadas aos temas abordados pelos petianos, que foram disponibilizadas às professoras regentes de classe, visando dar suporte para a continuidade das ações de promoção da saúde no ambiente escolar.

Referências

1. Brasil. Ministério da Saúde. Secretaria de Atenção à Saúde. Departamento de Atenção Básica. Instrutivo PSE. Brasília: Ministério da Saúde; 2011.

2. Brasil. Ministério da Saúde. Secretaria de Vigilância em Saúde. Política nacional de promoção da saúde. Brasília: Ministério da Saúde; 2006.

3. Brasil. Ministério da Saúde. Saúde da Família: uma estratégia para a reorientação do modelo assistencial. Brasília: Ministério da Saúde; 1997.

4. Brasil. Ministério da Saúde. Secretaria de Atenção à Saúde. Departamento de Atenção Básica. Diretrizes do NASF: Núcleo de Apoio a Saúde da Família. Brasília: Ministério da Saúde; 2009.

5. Brasil. Ministério da Saúde. Secretaria de Vigilância em Saúde. Departamento de Análise de Situação de Saúde. Plano de ações estratégicas para o enfrentamento das doenças crônicas não transmissíveis (DCNT) no Brasil 2011-2022. Brasília: Ministério da Saúde; 2011.

6. Brasil. Ministério da Saúde. Secretaria de Gestão do Trabalho e da Educação na Saúde. Departamento de Gestão da Educação em Saúde. Política Nacional de Educação Permanente em Saúde. Brasília: Ministério da Saúde; 2009.

7. Brasil. Ministério da Saúde. Pró-saúde: programa nacional de reorientação da formação profissional em saúde. Brasília: Ministério da Saúde; 2005.

8. Brasil. Ministério da Saúde. Secretaria de Vigilância em Saúde. Agenda Estratégica 2011-2015. Brasília: Ministério da Saúde; 2011.

9. Datasus. Sistema de Informação de Atenção Básica – Situação de Saúde – Brasil, Ministério da Saúde; 2012 [acesso em 09 set 2012]. Disponível em: http://tabnet.datasus.gov.br/cgi/deftohtm.exe?siab/cnv/SIABSBR.DEF.

10. Meisinger C, Döring A, Thorand B, Heier M, Löwel W. Body fat distribution and risk of type 2 diabetes in the general population: are there differences between men and women? The MONICA/KORA Augsburg cohort study. Am J Clin Nutr. 2006;84(3):483-9.

11. Dalton M, Cameron AJ, Zimmet PZ, Shaw JE, Jolley D, Dunstan DW, et al. Waist circumference, waist–hip ratio and body mass index and their correlation with cardiovascular disease risk factors in Australian adults. J Intern Med. 2003;254(6):555-63.

12. Al-Lawati JA, Jousilahti P. Body mass index, waist circumference and waist-to-hip ratio cut-off points for categorization of obesity among Omani Arabs. Public Health Nutr. 2008;11(1):102-8.

13. Quadros TMB, Gordia AP. Diagnóstico do estado nutricional e nível de atividade física de escolares do ensino fundamental e médio do município de Amargosa, BA. Relatório Técnico de Pesquisa. Amargosa; 2012.

14. Instituto Brasileiro de Geografia e Estatística. Estimativas populacionais para os municípios brasileiros em 01.07.2012. [acesso em 07 set 2012]. Disponível em: http://www.ibge.gov.br/home/estatistica/populacao/estimativa2012/default.shtm.

15. Programa das Nações Unidas para o Desenvolvimento – PNUD. Índice de desenvolvimento humano municipal; 2013 [acesso em 08 set 2014]. Disponível em: http://www.br.undp.org/content/brazil/pt/home/idh0/rankings/idhm-municipios-2010.html.

16. Portal ODM. Atlas de desenvolvimento humano do Brasil; 2012 [acesso em 15 mar 2011]. Disponível em: http://www.relatoriosdinamicos.com.br/portalodm/1-acabar-com-a-fome-e-a-miseria/BRA002029010/amargosa---ba.

17. Berbel NAN. Metodologia da problematização no ensino superior e o exercício da práxis. Semina. 1995;16(2):09-19.

PARTE I

A promoção da saúde do escolar e o trabalho interdisciplinar

1

Primeiro dia: a importância da observação

Fernanda Menezes dos Santos
Liliana Cardoso dos Santos Souza
Aline dos Santos Rocha
Alex Pinheiro Gordia
Teresa Maria Bianchini de Quadros
Vanessa Barbosa Facina

O contato inicial com a comunidade escolar pode ser comparado ao primeiro dia de aula, em que ninguém se conhece e todos se observam. De um lado, estão os petianos, interessados na adaptação da própria equipe; do outro, as crianças, com seus olhares curiosos de praxe. Além dos escolares, que são o alvo principal das propostas de intervenção realizadas em escolas, no PET *Promoção da Saúde do Escolar* as professoras regentes de classe e as merendeiras também foram nosso alvo. Se, de fato, a primeira impressão é a que fica, então, os "visitantes" precisam garantir que seu retorno seja bem-vindo.

Entre os motivos que justificam a importância da observação, está a necessidade da ambientação à escola. Como planejar ações práticas sem avaliar a estrutura do espaço físico e perfil do público-alvo? Além disso, o primeiro dia possibilita investigar o conhecimento prévio e a percepção que professoras e merendeiras têm quanto às temáticas voltadas à saúde na escola.[1] Valorizar o papel que elas representam na promoção da saúde do escolar pode aumentar o sucesso da intervenção, além de proporcionar o aumento do interesse delas para participar desse processo.

Embora simples, o primeiro dia requer atenção para que os itens a serem observados, tanto em relação à estrutura física quanto à atitude do público, sejam pontuados. Não há roteiro de ordem, mas é necessário interagir com todos e de maneira imparcial, além de dar preferência a perguntas em detrimento a respostas. Pode-se manter a curiosidade das crianças quanto às atividades que serão realizadas, mas as propostas e os objetivos precisam estar claros para os profissionais que fazem parte do corpo escolar. Professoras e merendeiras serão o elo entre o PET-Saúde e os escolares e suas famílias, por isso, a importância em conhecê-las e deixá-las a par do programa.

Observar a comunidade escolar exige atenção aos aspectos que devem ser analisados em cada grupo, pois as atividades precisam ser pautadas na realidade e condições de vida locais.[2] É por meio da observação que as oficinas poderão ser readaptadas; logo, o primeiro encontro pode ter influência direta no resultado da intervenção. O maior desafio está na capacidade de se relacionar com todos e em saber identificar as suas principais limitações e potencialidades para que se obtenha um trabalho de sucesso.

Plano de trabalho

Este plano de trabalho foi elaborado para ser aplicado em escolas do Ensino Fundamental I. Sugere-se que o foco da observação seja direcionado para os escolares, as professoras regentes de classe, as merendeiras e a estrutura física da escola. A duração da observação dependerá do tamanho da escola e do número de turmas. Dessa forma, o tempo de aplicação do plano pode variar de duas a três horas.

Objetivo geral

- Iniciar o contato/vínculo e observar as características que retratam a comunidade escolar.

Objetivos específicos

- Avaliar a estrutura física da escola.
- Conhecer os escolares, as professoras regentes de classe, as merendeiras e a estrutura física da escola.
- Observar o perfil alimentar dos escolares.
- Observar as brincadeiras realizadas pelos escolares durante o intervalo.
- Investigar se a escola tem professor de Educação Física e se há materiais, em quantidade suficiente, disponíveis para a prática de atividades físicas/esportivas.
- Verificar o conhecimento prévio das professoras regentes de classe a respeito de práticas alimentares e de atividades físicas.
- Investigar a visão que as professoras regentes de classe têm em relação aos hábitos de vida dos escolares.
- Identificar as principais dúvidas e dificuldades enfrentadas pelas merendeiras no processo da alimentação escolar.

Procedimentos didático-metodológicos

- Diálogo com escolares, professoras e merendeiras.
- Registro escrito e fotográfico.
- Aplicação de questionário investigativo sobre o conhecimento prévio das professoras em relação às práticas alimentares e de atividades físicas (Quadro 1.1).
- Aplicação de questionário investigativo sobre o conhecimento prévio das merendeiras em relação às práticas alimentares e ao preparo da alimentação escolar (Quadro 1.2).

Quadro 1.1 – Questionário investigativo sobre o conhecimento prévio das professoras em relação às práticas alimentares e de atividades físicas

Data: ______________

Nome: ____

Data de nascimento: ______________

Anos de atuação profissional: ___________________

Escola de atuação: ____

Vínculo empregatício: ____

Formação inicial

Ensino Médio

Regular ( ) Magistério ( ) Científico ( )

Ano de conclusão: ______________

Graduação

Cursou ( ) Cursando ( ) Não cursou ( )

Curso: ____

Instituição: ____

Privada ( ) Pública ( )

Modalidade:

Presencial ( ) EAD ( )

Ano de conclusão: _______________

Formação continuada

Pós-graduação

Cursou ( ) Cursando ( ) Não cursou ( )

Curso: ____

Instituição: ____

Privada ( ) Pública ( )

Tipo: Aperfeiçoamento ( ) Especialização ( ) Mestrado ( ) Doutorado ( )

Modalidade:

Presencial ( ) EAD ( )

Ano de conclusão: _________________

Continua

Continuação

1) Você trabalha o tema alimentação saudável e a prática de atividades físicas na escola?

( ) Sim ( ) Não

Caso **sim**, responda à **Questão 2**. Caso **não**, responda à **Questão 3**.

2) Quais as dificuldades enfrentadas para trabalhar o tema alimentação saudável e a prática de atividades físicas na escola?

____

____

____

____

3) Quais as dificuldades que levam você a não trabalhar o tema alimentação saudável e a prática de atividades físicas na escola?

____

____

____

____

4) Você se considera agente fundamental para a promoção da alimentação saudável e da prática de atividade física no ambiente escolar? Sim ( ) Não ( ) Por quê?

____

____

____

____

5) Quais suas expectativas em relação às atividades desenvolvidas pelo PET Saúde Promoção da Saúde do Escolar?

____

____

____

____

Continua

Continuação

6) Qual a sua opinião sobre a presença do professor de Educação Física no Ensino Fundamental I? Marque apenas uma alternativa!

a) ( ) Dispensável
b) ( ) Indispensável
c) ( ) Não tenho opinião formada

7) Qual a importância da Educação Física Escolar no Ensino Fundamental I? Marque apenas uma alternativa!

a) ( ) Contribui para o desenvolvimento motor do aluno
b) ( ) É o momento que o aluno tem de "lazer" na escola
c) ( ) Contribui para a prevenção e o controle de doenças crônicas
d) ( ) Contribui para a formação integral do aluno
e) ( ) É o momento de descanso do aluno
f) ( ) As alternativas **a, b, c** estão corretas
g) ( ) As alternativas **a, c, d** estão corretas
h) ( ) As alternativas **a, b, c, d, e** estão corretas
i) ( ) Não sei

8) Você se sente segura(o) para trabalhar com a disciplina de Educação Física no Ensino Fundamental I? Marque apenas uma alternativa!

a) ( ) Sim
b) ( ) Não
c) ( ) Não tenho opinião formada

9) O que dificulta o seu trabalho com a disciplina de Educação Física no Ensino Fundamental I? Marque apenas uma alternativa!

a) ( ) Falta de recursos e materiais
b) ( ) Falta de espaços apropriados na escola
c) ( ) Falta de conhecimentos específicos da área
d) ( ) Falta de incentivo por parte da direção da escola
e) ( ) As alternativas **a, b, c, d** são verdadeiras
f) ( ) Não tenho opinião formada

Continua

Continuação

10) O que você costuma fazer no horário destinado às aulas de Educação Física? Marque apenas uma alternativa!

a) ( ) Ministra aula de Educação Física

b) ( ) Utiliza o horário para dar aula de outra disciplina

c) ( ) Deixa os alunos brincarem livremente

d) ( ) As alternativas **b, c** são verdadeiras

e) ( ) Outros: ____

11) Como o exercício físico pode ser importante para o crescimento e desenvolvimento saudável de escolares? Marque apenas uma alternativa!

a) ( ) Contribui para prevenir doenças

b) ( ) Contribui para diminuir o metabolismo

c) ( ) Melhora a coordenação motora e o equilíbrio

d) ( ) Contribui para prevenir a desnutrição

e) ( ) Contribui para promover a interação social

f) ( ) Contribui no processo de aprendizagem

g) ( ) As alternativas **a, b, c, d, e, f** estão corretas

h) ( ) As alternativas **a, c, e, f** estão corretas

i) ( ) Não sei

12) O exercício físico pode contribuir para a prevenção e o tratamento de quais doenças? Marque apenas uma alternativa!

a) ( ) Diabetes melito

b) ( ) Obesidade

c) ( ) Anemia

d) ( ) Hipertensão arterial

e) ( ) Doenças cardiovasculares

f) ( ) Tuberculose

g) ( ) As alternativas **a, b, c, d, e** estão corretas

h) ( ) As alternativas **a, b, d, e** estão corretas

i) ( ) As alternativas **a, b, c, d, e, f** estão corretas

j) ( ) Não sei

Continua

Continuação

13) O que contribui para o tratamento **não** medicamentoso do diabetes tipo II? Marque apenas uma alternativa!

a) ( ) Utilização de insulina
b) ( ) Reeducação alimentar
c) ( ) Prática de exercícios físicos
d) ( ) Uso de hipoglicemiantes
e) ( ) As alternativas **a, b, c, d** estão corretas
f) ( ) As alternativas **b, c** estão corretas
g) ( ) As alternativas **a, b, c** estão corretas
h) ( ) Não sei

14) Quais fatores podem ser considerados importantes para o surgimento da hipertensão arterial? Marque apenas uma alternativa!

a) ( ) Elevado consumo de açúcar
b) ( ) Elevado consumo de sal
c) ( ) Obesidade
d) ( ) Prática insuficiente de atividade física
e) ( ) Desnutrição
f) ( ) As alternativas **a, d** são as corretas
g) ( ) As alternativas **b, c, d** são as corretas
h) ( ) Não sei

15) Quais os três principais fatores responsáveis pelo surgimento da obesidade? Marque apenas uma alternativa!

a) ( ) Gasto energético insuficiente; dieta hipercalórica e rica em gorduras e em açúcares; influência genética
b) ( ) Dieta balanceada; influência genética; anemia
c) ( ) Hipertensão arterial; gasto energético suficiente; dieta de alto teor de sódio
d) ( ) Nenhuma das alternativas
e) ( ) Não sei

Continua

Continuação

16) Quais fatores são responsáveis pelo surgimento de doenças cardiovasculares? Marque apenas uma alternativa!

a) ( ) Altas taxas de colesterol e triglicerídeos, desidratação e uso de álcool

b) ( ) Diabetes melito, tabagismo, hipertensão arterial, altas taxas de colesterol e triglicerídeos e influência genética

c) ( ) Hipertensão arterial, desnutrição e inatividade física

d) ( ) Diabetes melito, hipertensão arterial, tuberculose e altas taxas de colesterol e triglicerídeos

e) ( ) As alternativas **a** e **c** estão corretas

f) ( ) As alternativas **b** e **c** estão corretas

g) ( ) Não sei

17) O que são nutrientes? Marque apenas uma alternativa!

a) ( ) Alimentos

b) ( ) Elementos encontrados nas frutas e verduras

c) ( ) Elementos que compõem os alimentos

d) ( ) Vitaminas encontradas nas frutas

e) ( ) Nenhuma das anteriores

f) ( ) Não sei

18) São nutrientes fundamentais para o desenvolvimento saudável dos indivíduos (marque apenas uma alternativa):

a) ( ) Proteínas vegetais e vitaminas

b) ( ) Gorduras e minerais

c) ( ) Carboidratos e água

d) ( ) Proteínas animais e fibras

e) ( ) O conjunto de todas as alternativas

f) ( ) Não sei

Continua

Continuação

19) Qual das alternativas contém somente alimentos considerados energéticos? Marque apenas uma alternativa!

a) ( ) Arroz, macarrão, pão, margarina
b) ( ) Macarrão, mingau, laranja, couve
c) ( ) Sorvete, maçã, feijão, frango
d) ( ) Laranja, banana, abacate, alface
e) ( ) Bife de fígado, queijo, leite, peixe
f) ( ) Não sei

20) Quanto às vitaminas e aos minerais, podemos dizer que (marque apenas uma alternativa):

a) ( ) Estão presentes somente nas carnes e leite e são responsáveis por manter o equilíbrio do organismo
b) ( ) São nutrientes responsáveis por manter o equilíbrio do organismo. São facilmente encontrados nas frutas e hortaliças
c) ( ) São dificilmente encontrados nos alimentos, devendo ser complementados por complexos vitamínicos
d) ( ) A vitamina mais importante é a C, pois previne de diversas doenças e é facilmente encontrada na laranja e acerola
e) ( ) Nenhuma das anteriores
f) ( ) Não sei

21) A alimentação saudável pode ser representada por (marque apenas uma alternativa):

a) ( ) Uma alta ingestão de frutas e hortaliças
b) ( ) Uma dieta composta de leite, queijos, iogurtes e ovos
c) ( ) Uma dieta composta dos mais variados alimentos, incluindo alimentos fonte de gordura
d) ( ) Consumo de alimentos na sua forma mais natural como açúcar mascavo, arroz e pão integrais
e) ( ) Não comer alimentos gordurosos, chocolates, refrigerantes e salgadinhos
f) ( ) Não sei

Continua

Continuação

22) Quanto às necessidades nutricionais (marque apenas uma alternativa):
a) ( ) São iguais para todas as pessoas
b) ( ) Somente as crianças desnutridas têm
c) ( ) As crianças obesas têm em menor proporção
d) ( ) Variam de indivíduo para indivíduo
e) ( ) Os adultos não as têm, pois já estão completamente formados
f) ( ) Não sei

23) Para as crianças, o mais importante é (marque apenas uma alternativa):
a) ( ) Comer somente frutas e verduras, pois são ricas em vitaminas, fundamentais para o bom desenvolvimento das crianças
b) ( ) Não comer alimentos fonte de gordura, pois esta se acumula no organismo, trazendo graves consequências
c) ( ) Comer alimentos variados e coloridos, evitando a monotonia da dieta e garantindo a quantidade de vitaminas e minerais necessários para manter uma boa saúde e crescimento adequado
d) ( ) Comer bastante beterraba, pois contém muito ferro e ajuda a prevenir a anemia
e) ( ) Comer somente carne branca (frango ou peixe), por conterem menos colesterol do que a carne vermelha
f) ( ) Não sei

24) As doenças cujas origens **não** estão diretamente relacionadas ao consumo alimentar são (marque apenas uma alternativa):
a) ( ) Meningite e hepatite
b) ( ) Anemia e desnutrição
c) ( ) Obesidade e cárie dentária
d) ( ) Hipercolesterolemia e osteoporose
e) ( ) Diabetes e hipertensão arterial
f) ( ) Não sei

Continua

Continuação

25) Em relação aos hábitos alimentares, podemos dizer que (marque apenas uma alternativa):

a) ( ) São formados desde a infância

b) ( ) São fortemente influenciados pela mídia

c) ( ) Podem variar entre as comunidades, etnias e religiões

d) ( ) Podem mudar de acordo com as necessidades

e) ( ) Todas as alternativas estão corretas

f) ( ) Não sei

26) Para formação de hábitos alimentares saudáveis nos indivíduos, a escola (marque apenas uma alternativa):

a) ( ) Estimula boas práticas de alimentação e a busca por escolhas alimentares mais saudáveis

b) ( ) Pouco pode fazer, pois as crianças ainda não conseguem assimilar informações técnicas

c) ( ) Não deve abordar questões como alimentação, pois não é prioridade para formação escolar

d) ( ) Deve se empenhar, pois a alimentação saudável é fundamental para o desenvolvimento integral dos indivíduos

e) ( ) É o ambiente adequado para a educação nutricional, pois, normalmente, representa o primeiro grupo social depois da família

f) ( ) As alternativas **a, d** estão corretas

g) ( ) As alternativas **a, d, e** estão corretas

h) ( ) Não sei

Quadro 1.2 – Questionário investigativo sobre o conhecimento prévio das merendeiras em relação às práticas alimentares e ao preparo da alimentação escolar

Parte I – Dados gerais

1) Nome: ______________________________

2) Sexo: ( ) Masculino ( ) Feminino

3) Escola onde trabalha: ______________________________

4) Idade: ____________

5) Estado civil: ( ) Solteiro(a) ( ) Casado(a) ( ) Viúvo(a) ( ) Divorciado(a)

6) Estudou durante quanto tempo: ( ) < 4 anos ( ) 4 a 8 anos ( ) > 8 anos

7) Renda familiar mensal: ( ) 1 salário ( ) 1 a 2 salários ( ) > 3 salários

Parte II – Sobre a contratação

8) Como ocorreu o processo de sua contratação para essa função?

( ) Concurso ( ) Indicação ( ) Outra: ______________________

9) Quais requisitos foram exigidos?

Escolaridade: ( ) Sim ( ) Não

Se **sim**, qual?

( ) Nível Fundamental

( ) Nível Médio

( ) Outro: __________________

Conhecimento específico:

( ) Sim ( ) Não

10) Foi contratado(a) em qual gestão política municipal?

( ) Anterior ( ) Atual

11) Há quanto tempo trabalha nesse serviço?

( ) < 1 ano ( ) 1 a 2 anos ( ) 2 a 4 anos ( ) > 4 anos

Continua

Continuação

12) Antes de trabalhar nessa área, você cozinhava em outro local?
( ) Sim ( ) Não
Se **sim**, ( ) Em sua própria casa ( ) Outro emprego ( ) Outro: ___________

13) Após a contratação, houve algum tipo de orientação/treinamento sobre suas funções?
( ) Sim ( ) Não
Se **sim**, na forma de:
( ) Curso ( ) Palestra ( ) Outro: ____________________

14) Quais assuntos foram tratados?
( ) Alimentação saudável
( ) Cardápio
( ) *Per capita* (quantidade de alimento por pessoa)
( ) Higienização do ambiente
( ) Recebimento e armazenamento de alimentos
( ) Higienização pessoal
( ) Higienização dos alimentos
( ) Outro: ________________

Parte III – Sobre o desenvolvimento do trabalho

15) Você participa de oficinas/cursos de aperfeiçoamento profissional periodicamente?
( ) Sim ( ) Não

16) Se **sim**, você acha que essas oficinas/cursos têm ajudado a melhorar o seu desempenho no trabalho?
( ) Sim ( ) Não

17) Quem é responsável pela elaboração do cardápio que você prepara?
( ) Nutricionista
( ) Você
( ) Outro(a) merendeiro(a)
( ) Outro: __________________

Continua

Continuação

18) No início, teve alguma dificuldade na preparação da merenda escolar?
( ) Sim ( ) Não
Se **sim**, qual?
( ) Seguir o cardápio
( ) Leitura da ficha técnica
( ) Substituição dos alimentos/das preparações
( ) Falta de alimentos
( ) Alimentos estragados e/ou vencidos
( ) Falta de equipamentos
( ) Outro: ______________________

19) O cardápio elaborado é seguido?
( ) Sim ( ) Não ( ) Às vezes ( ) Outro: __________
Se **não** ou se **às vezes**, por qual(is) motivo(s)?
( ) Os alunos não gostam do que foi elaborado
( ) A preparação do que foi elaborado é difícil ou trabalhosa
( ) Não houve treinamento sobre como preparar o prato do cardápio
( ) Faltam alimentos, em geral
( ) Faltam alimentos necessários às preparações indicadas no cardápio
( ) Os alimentos estão estragados e/ou vencidos
( ) Outro: ______________________

20) No cardápio semanal da alimentação escolar, há variedade de alimentos?
( ) Sim ( ) Não
Se **sim**, quais dos alimentos abaixo estão no cardápio?

( ) Arroz
( ) Feijão
( ) Macarrão
( ) Farinhas
( ) Frutas
( ) Verduras
( ) Legumes
( ) Carnes
( ) Ovos
( ) Leite
( ) Derivados do leite
( ) Doces
( ) Sucos industrializados
( ) Outros: __________

Continua

Continuação

21) De quais alimentos ou preparações os alunos mais gostam?

( ) Feijão com arroz e carne
( ) Pipoca
( ) Frutas
( ) Sopa de legumes
( ) Escondidinho de carne
( ) Cuscuz
( ) Macarrão
( ) Iogurte
( ) Mingau
( ) Suco com biscoito
( ) Aipim
( ) Bolo__________________
( ) Outro: ______________________

22) De quais alimentos ou preparações os alunos menos gostam?

( ) Feijão com arroz e carne
( ) Pipoca
( ) Frutas
( ) Sopa de legumes
( ) Escondidinho de carne
( ) Cuscuz
( ) Macarrão
( ) Iogurte
( ) Mingau
( ) Suco com biscoito
( ) Aipim
( ) Bolo__________________
( ) Outro: ______________________

23) Há sobras da merenda?

( ) Sim ( ) Não

Se **sim**, ocorre com qual frequência?

( ) Diariamente
( ) 3 a 4 vezes na semana
( ) 2 vezes na semana
( ) 1 vez na semana

Por qual motivo?

( ) Não gostam do cardápio
( ) Trazem lanche de casa
( ) Não consomem por terem vergonha (imagem perante os colegas)
( ) A produção é maior que a demanda
( ) Outro: ____

Continua

Continuação

Parte IV – Sobre você

24) Qual a sua maior dificuldade no momento acerca da alimentação escolar?

( ) Seguir o cardápio
( ) Leitura da ficha técnica
( ) Falta de equipamentos
( ) Falta de instrução/informação
( ) Recebimento e armazenamento de alimentos
( ) Substituição dos alimentos/preparações
( ) Outro: ______________________

25) Gostaria de aprender mais sobre o preparo da merenda escolar?

( ) Sim ( ) Não

26) Sobre o que gostaria de aprender?

( ) Higienização (pessoal, do alimento e do ambiente)
( ) Modo de preparo
( ) Ficha técnica (*per capita*)
( ) Armazenamento de alimentos
( ) Aproveitamento de partes não convencionais dos alimentos
( ) Receitas de novas preparações
( ) Alimentação saudável
( ) Outro: ______________________

27) Você acha que o(a) merendeiro(a) faz parte da promoção da saúde e da incorporação de hábitos alimentares saudáveis?

( ) Sim ( ) Não

28) Quantas refeições você considera necessárias por dia?

( ) 1 a 2 refeições
( ) 3 a 4 refeições
( ) 5 a 6 refeições
( ) Mais de 6 refeições

Continua

Continuação

29) Para você, um "prato colorido" significa que:
( ) A refeição contém mais alimentos que o necessário
( ) Os alimentos estão misturados no prato
( ) O prato contém alimentos variados e fontes de diversos nutrientes
( ) A refeição tem alimentos industrializados, com corantes artificiais
( ) Outro: ____________________

30) Quais dos alimentos a seguir você considera importante consumir diariamente?
( ) Arroz, pão, massa, batata, mandioca
( ) Verduras e legumes
( ) Frutas
( ) Leite, queijo, iogurte
( ) Carnes e ovos
( ) Feijões
( ) Óleos e gorduras
( ) Açúcares e doces

31) Como você faz o descongelamento dos alimentos?
( ) Em temperatura ambiente
( ) Sob o sol
( ) Sob refrigeração (dentro da geladeira)
( ) Em recipiente com água
( ) Em recipiente com água quente
( ) Direto no fogo no momento do preparo
( ) Outro: ____________________

32) Qual modo de preparo dos alimentos você considera mais adequado?
( ) Cozido ( ) Frito ( ) Assado

33) Você acha necessário adicionar gordura (óleos, banha, margarina) na preparação da alimentação escolar?
( ) Sim ( ) Não
Se **sim**, qual tipo de gordura você utiliza?
( ) Óleos vegetais ( ) Banha ( ) Margarina/manteiga

Continua

Continuação

34) Você utiliza temperos industrializados (caldos concentrados, temperos misturados) no preparo dos alimentos?

( ) Sim ( ) Não

35) Após a refeição ser preparada, quanto tempo você leva para servi-la aos escolares?

( ) Sirvo imediatamente
( ) 15-30 minutos
( ) 30-60 minutos
( ) Mais de 1 hora após estar preparada

36) Qual tipo de utensílio você utiliza para preparar os alimentos?

( ) Colher de madeira/pau ( ) Colher de plástico
( ) Colher de aço ( ) Outro tipo: ______________________

37) Como você higieniza as frutas, os legumes e as verduras?

( ) Não faço higienização, pois são alimentos naturais
( ) Lavo com água
( ) Lavo com água e sabão
( ) Lavo e deixo de molho com hipoclorito de sódio (água sanitária)
( ) Outro método:____

38) Como você higieniza os utensílios e os equipamentos da área de produção de alimentos?

( ) Lavo com água
( ) Lavo com água e sabão
( ) Lavo e deixo de molho com hipoclorito de sódio (água sanitária)
( ) Outro método: ______

39) Como você higieniza as mãos?

( ) Lavo com água
( ) Lavo com água e sabão
( ) Lavo com água e sabão, e utilizo álcool após a lavagem
( ) Lavo com sabão antisséptico

Recursos materiais

- Papel e caneta.
- Questionários.
- Câmera fotográfica.

Atividades

Sugere-se que a observação da comunidade escolar tenha como foco a estrutura física da escola e o perfil de hábitos alimentares e de prática de atividades físicas dos escolares.

A observação da estrutura física avalia a organização da escola e o espaço físico disponível para a realização das atividades com os escolares, e se estes são favoráveis às práticas.

O perfil da prática de atividades físicas considera o nível de envolvimento da comunidade escolar em práticas corporais (futebol, capoeira, dança, entre outros), a existência da disciplina de Educação Física e quem a ministra, os materiais e a quantidade disponível para a prática, e quais as atividades preferidas durante o intervalo.

O perfil de hábitos alimentares considera a qualidade da alimentação escolar, a aceitação dos alimentos oferecidos, a origem de possíveis lanches levados pelos escolares e a intervenção da nutricionista do município no local.

A observação também pode permitir a realização de outras atividades diagnósticas. Se houver o interesse em construir trabalhos paralelos, esse primeiro encontro fornece tempo suficiente para, por exemplo, a aplicação de um questionário de frequência alimentar ou de um questionário que possibilite avaliar, antes das intervenções, o conhecimento prévio do público-alvo sobre a temática a ser abordada na intervenção. Nesse sentido, incluiu-se no plano de observação a investigação a respeito do conhecimento prévio e da percepção que as professoras regentes de classe e as merendeiras tinham sobre os hábitos de vida dos escolares, bem como sobre a qualidade da alimentação fornecida a eles.

Aplicação do plano: sucessos, fracassos e reflexões

O primeiro contato com a escola serviu às formais apresentações, em que os petianos puderam conhecer a estrutura física do local, além de interagir com as crianças e os demais funcionários presentes. Destacam-se, entre os objetivos do grupo, a observação do perfil de prática de atividades físicas e de hábitos alimentares dos escolares, além da investigação do conhecimento prévio das professoras regentes de classe e das merendeiras sobre esses temas. Tal investigação foi realizada, sobretudo, por meio dos questionários de conhecimentos prévios aplicados às professoras e às merendeiras.

Para as professoras e as merendeiras, as perguntas foram imparciais, em conter críticas ou mesmo excesso de curiosidade. Ficou claro o interesse dessas profissionais pela proposta do PET-Saúde. As professoras foram informadas sobre algumas atividades opcionais, preparadas pelos petianos, que seriam fornecidas a elas como uma alternativa para dar continuidade de trabalho aos temas que seriam abordados pelo PET-Saúde durante as oficinas. Elas ficaram satisfeitas com o suporte e se puseram disponíveis para contribuir com o que fosse necessário.

O questionário aplicado às professoras (Quadro 1.1) investigou a formação profissional e a opinião ante a importância do estímulo a práticas de Educação Física na escola, bem como do conhecimento que detêm sobre hábitos alimentares, nutrientes e doenças relacionadas ao comportamento alimentar. Quanto à formação profissional, constatou-se que, das 12 professoras que responderam aos questionários, nove eram graduadas em Pedagogia, e destas, cinco haviam feito pós-graduação na área.

Investigamos, também, a visão das professoras sobre o seu papel no incentivo às escolhas mais saudáveis dos escolares, e a maioria se considerou agente fundamental para a promoção da alimentação saudável e da prática de atividade física no ambiente escolar, destacando, inclusive, ser indispensável a presença do professor de Educação Física nas escolas. Em relação ao tema da alimentação saudável e prática de atividades físicas, todas as professoras afirmaram abordá-lo com os escolares, mas destacaram algumas dificuldades para trabalhar tal temática, como a falta de recursos e de infraestrutura, a carência de materiais necessários e o insuficiente conhecimento específico na área. Entretanto, a resposta que mais nos chamou a atenção foi: "Como falar de alimentação saudável com quem não tem o que comer em casa?". Refletimos muito a respeito dessa pontuação feita por uma das professoras. Compreendemos que não é uma tarefa fácil abordar conteúdos que muitas vezes estão distantes da realidade de tantas famílias, contudo, não podemos condenar os escolares à falta de informações em razão de sua condição social, e nos fortalecemos pela confiança de que o ensino que hoje é fornecido às crianças é capaz de trazer efeitos positivos por toda a vida. Por isso, enfatizamos a importância da comunidade escolar trabalhar em parceria, especialmente as professoras e merendeiras.

Por meio do questionário aplicado às merendeiras (Quadro 1.2), investigamos as preferências e as aversões das crianças em relação à merenda escolar. De maneira geral, o resultado indicou rejeição ao cuscuz de tapioca, ao mingau e à sopa de legumes (exceto quando os legumes são liquidificados e adicionados à sopa). Entre as preparações mais oferecidas e aceitas na alimentação escolar, destacaram-se a carne seca (jabá) na preparação do feijão, o arroz, o macarrão e a proteína texturizada de soja. As merendeiras relataram ainda que os escolares que não consomem a merenda optam, em sua maioria, por lanches industrializados (destacando-se os salgadinhos, os biscoitos recheados e os achocolatados), trazidos de casa.

Quando foi perguntado às merendeiras sobre a participação da nutricionista na escola, a maioria pontuou que as visitas ocorriam de 1 a

2 vezes por semestre. Quanto ao interesse em vistoriar a cozinha e em provar as refeições, os relatos foram divergentes, pois, embora muitas tenham afirmado boa participação da nutricionista, houve queixas de que a profissional não colaborava o suficiente, evitando avaliar o local onde as refeições eram produzidas, ou, até mesmo, experimentar e dar orientações sobre as preparações oferecidas. A presença de um profissional da Nutrição na elaboração dos cardápios é fundamental para a promoção de práticas alimentares saudáveis na escola. No entanto, é importante considerar a dificuldade que se tem em contratar nutricionistas em quantidade suficiente à necessidade dos municípios. O subsídio que o nutricionista fornece para a comunidade escolar e para a população como um todo precisa superar a atual realidade, que evidencia casos de um único profissional ser responsável pela alimentação escolar de todas as escolas públicas da zona urbana e rural de um ou mais municípios. O grupo PET-Saúde, por não ter o objetivo de interferir nesse trabalho, apenas observou o preparo das refeições oferecidas, para, depois, orientar as merendeiras sobre práticas de higiene pessoal e dos alimentos, bem como das técnicas de cocção mais adequadas.

O questionário aplicado às merendeiras serviu como um suporte para o desenvolvimento da oficina a ser realizada posteriormente com essas profissionais. Confira, no Capítulo 12, as ações realizadas com base nas principais curiosidades e dificuldades das merendeiras.

Da mesma maneira que a alimentação influencia o estado de saúde e de doença das crianças, o combate ao comportamento sedentário tem sido um grande desafio para os programas de intervenção nas escolas. As professoras salientaram a necessidade de maior atenção à disciplina de Educação Física, para que os conteúdos da cultura corporal pudessem passar a ser compreendidos e valorizados pelas crianças, não sendo limitados a um único esporte (no caso do município em questão, o futebol). Tanto as professoras quanto os escolares desconsideravam os momentos recreativos como atividade física e, em algumas escolas, a visão indiferente ao chamado "recreio" foi agravada pela precária estrutura física do espaço destinado a esse momento. Ainda assim, os escolares, com poucas exceções, participavam ativamente dos momentos recreativos, mesmo com a necessidade de improvisar materiais necessários às atividades (bola, corda, entre outros).

De fato, para que a prática de atividades físicas seja valorizada pela comunidade escolar, a área onde as crianças interagem precisa ser, no mínimo, segura. Para isso, os responsáveis pelos escolares devem estar atentos quanto à presença de objetos cortantes, de solo irregular e de animais que possam transmitir doenças (na horta de uma das escolas, foram identificados dezenas de *Achatina fulica Bowdich*, conhecidos como caramujos africanos). Pôde-se perceber que a prática de atividades físicas na comunidade escolar não tem sido valorizada o suficiente, e a ausência de um profissional que desenvolva aulas regulares de Educação Física pode ser um dos principais motivos por tal deficiência.

As diferentes estruturas entre as escolas que receberam a equipe do PET-Saúde evidenciaram a importância de elaborar uma proposta adequada às realidades apresentadas. Algumas dispunham de espaço físico amplo, organizado e em bom estado de conservação; outras, porém, tinham espaço físico reduzido, eram malconservadas e não contavam com materiais necessários para a prática de atividades físicas. O espaço físico da escola pode interferir, inclusive, na realização das refeições. Algumas escolas não dispunham de refeitório adequado, levando os escolares a se alimentarem nas próprias carteiras, ou, até mesmo, no chão do pátio.

As particularidades de cada escola, identificadas na observação, exigem dos petianos adaptação à realidade vivenciada para que se pudesse realizar a intervenção. A investigação e a compreensão dos hábitos, das crenças, dos medos e das dificuldades intrínsecos ao público-alvo, bem como a sensibilidade da equipe de trabalho, são fundamentais para o sucesso da ação. Vale destacar que reavaliar os itens observados no primeiro contato com um olhar mais aguçado, durante toda a intervenção, pode ser uma estratégia importante para atender às características e às expectativas do público-alvo.

Referências

1. Santos KF, Bógus CM. A percepção de educadores sobre a escola promotora de saúde: um estudo de caso. Rev Bras Crescimento Desenvolv Hum. 2007;17(3):123-33.

2. Boog MCF. Programa de educação nutricional em escola de ensino fundamental de zona rural. Rev Nutr. 2010;23(6):1005-17.

2

Diagnóstico do consumo alimentar

Fernanda Menezes dos Santos
Liliana Cardoso dos Santos Souza
Aline dos Santos Rocha
Vanessa Barbosa Facina

O comportamento alimentar dos indivíduos é aprendido desde cedo, especialmente em espaços como a escola e o ambiente familiar,[1,2] podendo levar a escolhas saudáveis e, em consequência, favorecer a qualidade de vida. Os escolares dependem de diversos estímulos externos para que ocorra o aprendizado[3] e a interação entre a criança e os elementos que a cercam, sobretudo, escola e família, forma o contexto sociocultural, o qual se traduz, também, nas escolhas alimentares.[4]

O diagnóstico do consumo alimentar é uma estratégia que permite conhecer os hábitos do ser humano, no entanto, antes de realizá-lo, em especial, com escolares, é importante compreender o que eles entendem por práticas saudáveis e os fatores que as determinam.[5] Durante o trabalho com esse público, é possível verificar que crianças e adolescentes com menos conhecimento transpareçam, mais fielmente, seus hábitos de consumo. Em contrapartida, os indivíduos mais atentos podem relatar determinadas práticas por julgá-las como as mais saudáveis, e não, necessariamente, as que realizam.[6]

A identificação do consumo alimentar deve, então, considerar as características psicológicas do indivíduo, bem como suas preferências e experiências pessoais, pois somente com uma visão ampla é possível perceber a influência desse consumo sobre os hábitos de vida do ser humano.[7] Vale ressaltar a importância de se observar a repercussão do comportamento familiar nas escolhas feitas pelas crianças, não desconsiderando determinantes, como condição socioeconômica, cultural e acesso a informações de saúde.[8]

Alguns estudos apontam o consumo excessivo de alimentos ricos em gorduras e em açúcares por crianças e por adolescentes, recomendando ações que promovam a educação nutricional e a implantação de hábitos de vida saudáveis.[3,9,10] Dessa maneira, na busca pela promoção da saúde, o diagnóstico do consumo alimentar é imprescindível para o conhecimento da população com a qual se pretende trabalhar, essencial para visualizar o alcance das ações propostas e se há mudanças que, se implementadas, poderão potencializar a eficácia das intervenções.[11]

Com a determinação das principais inadequações nos hábitos alimentares, facilita-se o trabalho de orientação desses hábitos nos escolares. A fim de promover um melhor processo de ensino-aprendizagem, faz-se necessária a inclusão de toda a comunidade escolar nas atividades desenvolvidas, inclusive as famílias, nunca desconsiderando que o comportamento alimentar é fortalecido pelos diversos contextos nos quais as crianças estão inseridas.

Plano de trabalho

Este plano de trabalho foi elaborado com foco no Ensino Fundamental I, para turmas de até 30 escolares cada. A duração média do plano foi programada em 60 minutos por turma, no qual o auxílio da professora é essencial para o melhor aproveitamento do tempo das atividades.

Objetivo geral

- Identificar os hábitos e preferências alimentares dos escolares.

Objetivos específicos

- Perceber os fatores que influenciam nas escolhas alimentares dos escolares (como hábitos da família, escola ou outro meio de convivência).
- Investigar o conhecimento prévio que os escolares têm acerca da alimentação saudável.

Procedimentos didático-metodológicos

- Apresentação da proposta do PET-Saúde aos escolares, seguida pela explicação das atividades e pela experimentação de uma dinâmica intitulada "dinâmica da feirinha", a qual resultará numa discussão em grupo sobre as escolhas realizadas.

Recursos materiais

- Réplicas, de plástico ou de resina, de alimentos variados.
- Duas cestas de supermercado.
- Duas mesas para apoio das réplicas (podem ser da escola).
- Câmeras filmadora e fotográfica.

Atividades

Este plano de trabalho foi elaborado para ser aplicado em três momentos, que consistem na apresentação do programa, seguida da dinâmica em grupo e finalizada pela discussão dos resultados com toda a turma.

Primeiro momento

- Duração prevista: 10 minutos.

O primeiro momento é o mais sucinto e no qual o grupo apresenta aos escolares o PET-Saúde, seus objetivos e uma prévia das atividades que serão realizadas. Por meio de uma conversa informal, os petianos devem conhecer a rotina dos escolares, sua participação nas compras/nas escolhas alimentares da família, ou se há algum tipo de produção de alimentos para autoconsumo ou comercialização. É importante utilizar uma linguagem simples e que não enfoque os alimentos saudáveis, para não interferir nas escolhas durante a dinâmica seguinte.

Segundo momento

- Duração prevista: 30 minutos.

O segundo momento consiste na realização da "dinâmica da feirinha", em que os escolares participam de uma simulação de compras. Diversas réplicas de alimentos (naturais e industrializados) são espalhadas sobre duas mesas, representando prateleiras de um supermercado. A turma deve ser dividida em dois grupos. Cada grupo tem um ou mais representantes (dependendo do número de alunos e da organização da turma), que, simulando uma ida ao supermercado, ficam responsáveis por "comprar" dez itens dos alimentos expostos. Os demais integrantes do grupo devem opinar quanto às escolhas. Ao final das compras, cada representante diz por que escolheu aquele alimento e a turma manifesta se gostou da escolha ou não, justificando o motivo.

Algumas observações referentes à dinâmica:

- Deve-se enfatizar que a investigação é sobre o que eles consomem, e não o que gostariam de consumir.
- Quando questionados sobre o motivo da seleção, os representantes devem reconhecer se foi pessoal ou se essa é a escolha dos seus pais, ou de outra pessoa com quem convivem, no momento das compras.

Terceiro momento

- Duração prevista: 20 minutos

O terceiro momento faz parte da primeira discussão sobre o tema, em que os petianos podem constatar, por meio de perguntas, o conhecimento dos escolares sobre a alimentação saudável. As perguntas podem abordar temas que se relacionam à alimentação saudável e às preferências e hábitos alimentares, por exemplo: o que mais gostam de comer; o que não comem de jeito algum; os alimentos que são bons para saúde; o que é uma alimentação saudável e qual a sua importância. As respostas devem ser anotadas ou gravadas para posteriores análise e avaliação do impacto das atividades desenvolvidas com os escolares. Ressalta-se a importância de se repetir as perguntas ao final de todos os trabalhos na escola.

Atividades a serem solicitadas

Para a análise mais fidedigna dos hábitos alimentares dos escolares, é indicado solicitar que façam uma lista contendo todos os alimentos que consumiram durante o dia, separando-os por refeição, como: desjejum, colação (lanche da manhã), almoço, lanche da tarde, jantar e ceia. Essa atividade pode ser avaliada como uma adaptação do tradicional recordatório de 24 horas.

Atividades complementares

SÉRIE: 1º e 2º ANO

Nome: ____

Hoje é dia de compras! Você vai ajudar sua mãe a fazer as compras do mês. Circule os alimentos que você compraria.

SÉRIE: 3º, 4º e 5º ANO

Nome: ____

Hoje é dia de compras! Você vai ajudar sua mãe a fazer as compras do mês. Escreva dentro do carrinho os alimentos que você mais gosta de comer.

Aplicação do plano: sucessos, fracassos e reflexões

Por se tratar de um plano de diagnóstico, o grupo PET-Saúde optou por apresentar o programa e iniciar as atividades com uma conversa informal, na qual os escolares foram estimulados a falar sobre suas vidas e rotinas. Sendo as escolas e as residências das crianças localizadas na zona rural, muitas destacaram que suas famílias cultivavam alimentos no quintal de casa, consumindo-os e/ou comercializando-os na feira livre do município. Discorreram, também, sobre o momento das compras feitas pelas mães ou responsáveis e o acompanhamento dos escolares nessas atividades, e muitas crianças afirmaram aproveitar esse momento para escolher alguns alimentos industrializados, como macarrão instantâneo, salgadinho, biscoito recheado e suco artificial.

O uso de réplicas de alimentos de resina, com alta qualidade e muito semelhantes aos reais, impressionou os escolares, que tocaram e identificaram cada alimento. Nos momentos iniciais, muitos pensaram estar diante de alimentos verdadeiros, com olhares desejosos por alimentos e guloseimas que, talvez, não façam parte de seu cotidiano. Investir em tais materiais foi bastante válido e interessante, pois tornou a dinâmica mais real e atrativa, influenciando na participação e contribuição das crianças durante o aprendizado. Em vários momentos foi preciso enfatizar que as escolhas a serem feitas eram referentes ao consumo habitual, e não ao que eles gostariam ou deveriam comprar.

Foi extremamente satisfatória a participação e a opinião das turmas durante a dinâmica, na qual todos os escolares reconheceram diversos alimentos naturais como escolhas alimentares mais saudáveis. Embora a maioria tenha optado por alimentos industrializados e pelo pão, os escolares com idade mais avançada selecionaram também alimentos naturais (cenoura, tomate, alface, batata inglesa), ao passo que as crianças mais novas priorizaram os biscoitos recheados, doces (jujubas e chocolates) e salgado frito (coxinha). Pela comparação entre as respostas que as crianças deram quando lhes foi perguntado sobre quais alimentos deveriam ser consumidos em menor e maior quantidade, os petianos conjecturaram que o fato de os escolares mais velhos terem optado por alimentos considerados "mais saudáveis" pode estar associado à sua perspicácia em relação às escolhas benéficas à saúde, visto que os mais novos demonstraram mais sinceridade diante das escolhas que refletiam seus próprios hábitos alimentares.

Entre as seleções feitas no decorrer da "dinâmica da feirinha", uma em especial atraiu a atenção dos petianos: a réplica do leite. Em várias turmas, ela não foi escolhida, no entanto, ao final do plano, quando eram solicitados a dar exemplos dos alimentos que consumiam em casa, muitos relatavam ingerir leite com frequência, entretanto, com café. Tal resposta suscitou a hipótese de que a ausência do leite nas escolhas da maioria dos grupos foi decorrente do não reconhecimento desse alimento pelos escolares, já que ele era representado pela réplica de um copo com leite puro, portanto, branco, divergindo da apresentação com café com a qual os escolares estavam acostumados.

Durante o terceiro momento, verificou-se que, apesar de ter prevalecido a preferência por alimentos industrializados, com alto teor de sódio, de açúcar e de gordura, muitos escolares citaram o consumo de frutas. Já as verduras e os legumes destacaram-se entre os alimentos não preferidos. Quando questionados sobre qual seria a periodicidade adequada do consumo de alimentos industrializados, de doces e de gorduras, as crianças afirmaram ser "de vez em quando", "às vezes" ou "uma vez por semana". Pôde-se perceber que os escolares eram capazes de identificar hábitos mais adequados, porém, diante da situação de escolha, preferiam os alimentos considerados não saudáveis.

Embora a dinâmica tenha tido boa aceitação pela maioria dos escolares, deve-se considerar que alguns se recusaram a participar. A pouca sociabilidade de tais crianças foi justificada pelas professoras como característica delas, e não como aversão ao plano de trabalho. Ainda assim, os petianos acordaram entre si que seria necessário continuar incentivando a participação dos escolares mais tímidos, sobretudo para evitar que se sentissem marginalizados das atividades.

Em algumas escolas, diversos materiais lúdicos estavam disponíveis para colaborar com o trabalho dos professores, fixando a atenção das crianças. Pensando-se no quanto tais materiais enriquecem o aprendizado dos escolares, a equipe do PET-Saúde acredita que seria igualmente benéfico para as escolas que o governo/o município investisse, inclusive, em réplicas de alimentos semelhantes às utilizadas neste plano de trabalho. Essa é uma viável sugestão, que permitiria aos professores dar continuidade, ou, até mesmo, retomar os conteúdos abordados pelo programa durante toda a sua estada na comunidade escolar.

Por meio do "diagnóstico", a equipe percebeu a necessidade de se valorizar os alimentos naturais, que são constantemente cultivados por famílias moradoras da zona rural e, portanto, disponíveis aos escolares. Logo, a possível justificativa pela "falta de condições financeiras" poderia ser substituída por "falta de valorização do que é produzido em casa". Essa realidade é comum em diversas famílias, pois muitas crianças afirmaram ajudar seus pais a cultivar e a comercializar os alimentos naturais da própria horta, substituindo-os pelos industrializados, comprados logo em seguida. Dessa percepção, os petianos compreenderam o peso da relação entre os hábitos dos escolares e a influência das famílias, o que reforçou para o grupo a necessidade de se trabalhar com os pais, por meio de propostas e de discussões que busquem valorizar o seu papel no processo de aprendizado das crianças.

O diagnóstico do consumo alimentar foi um plano de trabalho essencial para permitir que a equipe visualizasse as principais falhas voltadas aos hábitos alimentares dos escolares. Por meio dele, os petianos puderam comprovar o embate entre o que as crianças aprendem e o que vivenciam, visto que reconheceram escolhas alimentares saudáveis, mas indicaram consumir tais alimentos em menor quantidade. Diante dessa situação, ressalta-se um grande desafio para o PET-Saúde: aproximar teoria e prática por meio da realidade vivenciada nas escolas. Planejar trabalhos educativos sobre saúde e qualidade de vida torna, no papel, os resultados mais simples do que realmente são. Por isso, os petianos levaram em consideração a importância de investigar as preferências alimentares da família, o que os escolares já sabem sobre o tema, e o porquê de não praticarem hábitos de vida mais saudáveis.

Esse plano de trabalho é um importante auxiliador para os planos posteriores, visto que, diante de resultados diferentes entre as escolas, a equipe pode valorizar esse ou aquele ponto específico, de acordo com as principais falhas diagnosticadas em relação à alimentação do escolar. Dessa maneira, os resultados obtidos pela dinâmica tendem a ressaltar as principais vantagens e deficiências relacionadas aos hábitos alimentares das crianças, que podem ser enfatizadas durante os encontros seguintes.

Referências

1. Rosaneli CF, Auler F, Manfrinato CB, Rosaneli CF, Sganzerla C, Bonatto MG, et al. Avaliação da prevalência e de determinantes nutricionais e sociais do excesso de peso em uma população de escolares: análise transversal em 5.037 crianças. Rev Assoc Med Bras. 2012;58(4):472-6.

2. Schmitt ACAN, Costenaro RGS, Rangel RF, Ferreira CLL, Lacerda MR. Mudanças no comportamento e desenvolvimento do escolar a partir do cuidado à família. Rev Bras Enferm. 2013;66(5):682-7.

3. Carvalho APD, Oliveira VBD, Santos LCD. Hábitos alimentares e práticas de educação nutricional: atenção a crianças de uma escola municipal de Belo Horizonte, Minas Gerais. Pediatria (São Paulo). 2010;32(1):20-7.

4. Silva JB, Silva APS. Vivências de crianças no ambiente rural: aproximações e distanciamentos na educação infantil. Rev Latinoam Psicol. 2013;45(3):349-60.

5. Bizzo MLG, Leder L. Educação nutricional nos parâmetros curriculares nacionais para o ensino fundamental. Rev Nutr. 2005;18(5):661-7.

6. Triches RM, Giugliani ERJ. Obesidade, práticas alimentares e conhecimentos de nutrição em escolares. Rev Saúde Pública. 2005;39(4):541-7.

7. Zancul MDS, Valeta LN. Educação nutricional no ensino fundamental: resultados de um estudo de intervenção. Nutrire. 2009;34(3):125-40.

8. Rossi A, Moreira EAM, Rauen MS. Determinantes do comportamento alimentar: uma revisão com enfoque na família. Rev Nutr. 2008;21(6):739-48.

9. Toloni MHA, Longo-Silva G, Goulart RMM, Taddei JAAC. Introdução de alimentos industrializados e de alimentos de uso tradicional na dieta de crianças de creches públicas no município de São Paulo. Rev Nutr. 2011;24(5):61-70.

10. Facina VB, Braga JGL. Perfil antropométrico de adolescentes do Recôncavo da Bahia. Rev Ciênc Ext. 2013;9(3):21-33.

11. de Souza EMD. Evaluation methods in health promotion programmes: the description of a triangulation in Brazil. Ciênc Saúde Colet. 2010;15(5):2521-32.

3

Diagnóstico da prática de atividade física

Érika Karine Almeida Nogueira
Thalita Brandão Silva Teixeira
Tarcísio Silva Santos
Ellen Galvão Pereira
Alex Pinheiro Gordia
Teresa Maria Bianchini de Quadros

A atividade física, cuja prática regular é um fator decisivo para a promoção da saúde,[1] pode ser definida como "qualquer movimento corporal produzido pelos músculos esqueléticos, que resulta em gasto energético maior do que os níveis de repouso".[2] Há evidências de que na infância e na adolescência a atividade física é eficaz na redução dos indicadores de obesidade,[3] na manutenção dos níveis saudáveis de indicadores lipídicos como o colesterol HDL,[4] na redução de riscos cardiovasculares,[4] nos ganhos de competência motora,[5,6] psicológica[7] e cognitiva,[8] podendo também contribuir para a prevenção de doenças crônicas não transmissíveis (DCNTs).[9] Assim, a atividade física constitui-se ferramenta essencial na promoção da saúde e na melhora da qualidade de vida durante essa faixa etária.[10,11]

Apesar da comprovação dos benefícios em adotar um estilo de vida ativo na infância e na adolescência, observa-se uma gradativa redução na prática de atividade física nesse grupo.[1] Essa redução associa-se ao tempo que os jovens dedicam a comportamentos sedentários, como jogar *videogame*, usar computador e assistir televisão, e a diversas barreiras para a prática de atividade física.[12-15] Segundo Santos et al.,[15]

> a percepção de barreiras para a atividade física inclui tanto fatores internos (características individuais, menor prioridade para a atividade física e envolvimento com atividades relacionadas à tecnologia) quanto fatores externos (influência de alguém ou da família, falta de tempo, inacessibilidade e facilidades de custo). (p. 95)

Assim, torna-se necessário fomentar a prática de atividade física e desestimular os comportamentos sedentários desde a infância como estratégia de prevenção das DCNTs.[16-18]

Programas de intervenção têm se demonstrado eficientes na promoção da prática de atividade física e na prevenção de doenças, tendo como resultado a diminuição de comportamentos sedentários, das taxas de mortalidade por doença cardiovascular, dos índices de tabagismo, dos níveis séricos de colesterol e de pressão arterial (PA).[19] Os programas educacionais desenvolvidos nas escolas têm apresentado resultados satisfatórios para a melhora das condições de saúde, como aumento no nível de conhecimento sobre alimentação[10,20] e da prática de atividade física.[20] Além disso, esses programas abrigam amplas possibilidades de participação dos escolares por meio de processos lúdicos e interativos.[21] A escola, por sua vez, tem se confirmado como um importante local para a realização de ações de intervenção que envolvem as áreas da Saúde e da Educação de forma interdisciplinar.[20-22]

Seguindo esse raciocínio, o PET *Promoção da Saúde do escolar* desenvolveu a oficina sobre o *Diagnóstico da prática de atividade física*, com o objetivo de abordar a importância da atividade física por meio da análise e da prática de brincadeiras por serem as atividades mais presentes no "universo da criança". Cordazzo et al.[23] afirmam que brincar é uma forma de atividade comum durante o dia a dia das crianças e que influencia de modo positivo o desenvolvimento infantil. Assim, a oficina trata do diagnóstico e da promoção de hábitos fisicamente ativos, uma vez que o estilo de vida adotado na infância provavelmente irá influenciar no estilo de vida na fase adulta.[24]

Plano de trabalho

O plano de trabalho sobre o *Diagnóstico da prática de atividade física* foi elaborado para ser aplicado no Ensino Fundamental I, para turmas de até 30 escolares, com duração aproximada de 60 minutos. O plano pode ser útil para que os petianos conheçam o universo de práticas corporais dos escolares e, por meio desses conhecimentos, elaborem estratégias para a promoção de atividade física nesse ambiente. O presente plano também pode ser importante para o início do processo de conscientização dos escolares sobre a importância da prática de atividade física para a promoção da saúde.

Objetivo geral

- Fazer o diagnóstico da prática de atividade física dos escolares e trabalhar o conceito de atividade física.

Objetivos específicos

- Investigar preferências das atividades diárias dos escolares.
- Investigar o conhecimento prévio dos escolares em relação a atividades físicas.
- Estimular os escolares a reconhecerem a importância da prática de atividade física como forma de promoção da saúde.

Procedimentos didático-metodológicos

- Observação das brincadeiras presentes no recreio, dos depoimentos dos escolares e dos desenhos feitos por estes durante a entrevista.
- Explicação das atividades, por meio de conversa com os alunos.
- Discussão em grupo, por meio de perguntas e respostas durante a explicação e a vivência das brincadeiras.

Recursos materiais

- *1º momento:*
  - 1 folha de papel A4 por escolar;
  - 1 lápis e 1 borracha para cada escolar.

- *2º momento:*
  - 1 câmera fotográfica;
  - 1 bola;
  - 1 corda;
  - 3 gizes brancos;
  - 6 bambolês.

Atividades

Sugere-se que a oficina seja dividida em dois momentos. No primeiro, os escolares devem receber folhas de papel A4 em branco, para que desenhem as atividades que realizam com maior frequência em casa e/ou na escola. Em seguida, esses desenhos devem ser recolhidos, e se inicia uma discussão sobre o que foi desenhado por cada um. Então, sugere-se que os escolares sejam questionados se as atividades que eles desenharam representam atividades "saudáveis" ou "não saudáveis", considerando-se como "saudáveis" as atividades fisicamente ativas e como "não saudáveis" os comportamentos sedentários.

Em seguida, sugere-se que seja explicado aos escolares o fato de que as brincadeiras são formas de atividade física, enfatizando a sua importância para saúde. Para tornar mais compreensível, esse momento de explicação pode se basear em questionamentos como: "O que é atividade física?"; "Brincar é uma atividade física?";"Por que precisamos fazer atividade física (brincar)?"; "A atividade física (brincar) influencia na nossa saúde?". No momento da explicação, deve-se utilizar uma linguagem clara e objetiva, para facilitar o entendimento dos escolares.

No segundo momento, recomenda-se que os escolares sejam divididos em quatro grupos. Após essa divisão, são entregues materiais distintos para cada grupo (corda, bola, bambolês e giz branco), para que eles possam pensar em atividades físicas que podem ser realizadas com tais materiais. Os escolares têm até 5 minutos para planejar uma atividade, em seguida devem apresentá-la para os colegas dos outros grupos. Todos os grupos devem participar das atividades planejadas tanto pelo seu grupo quanto pelos demais. Sugere-se que o processo de avaliação do presente plano de trabalho leve em consideração a participação nas atividades propostas e as falas dos escolares sobre elementos discutidos na oficina.

Após o desenvolvimento do plano de trabalho, deve ser solicitado aos escolares que copiem atividades para serem feitas em casa. Essas atividades são específicas para cada série, e escolares do 1º e 2º ano devem descrever no caderno, com a ajuda dos pais, qual atividade mais gostam de fazer no seu tempo livre. O intuito dessa atividade é observar se as atividades preferidas pelos escolares são em sua maioria ativas ou sedentárias; escolares de 3º, 4º e 5º ano devem entrevistar seus pais sobre quais atividades físicas (brincadeiras) eles praticavam em sua infância, com o intuito de observar se os escolares conhecem e praticam as atividades que eram praticadas pelos pais. Essas atividades devem ser corrigidas e discutidas na próxima oficina realizada pelo grupo PET-Saúde.

Além das atividades solicitadas aos escolares, sugere-se que sejam entregues aos professores atividades que podem ser utilizadas para abordar a temática da oficina sobre o *Diagnóstico da prática de atividade física* em outros momentos (*vide* a seção a seguir). Assim, essas atividades podem servir como subsídio para que as professoras regentes de classe continuem trabalhando as temáticas *atividade física* e *promoção da saúde* com os escolares.

Atividades complementares

SÉRIE: 1º e 2º ANO

Nome: ____

1) Circule as imagens em que as crianças estão praticando atividades que não fazem bem à saúde.

2) Desenhe as atividades presentes no seu dia a dia que contribuem para sua saúde:

3) Entre as atividades a seguir, pinte apenas aquelas consideradas saudáveis:

SÉRIE: 3º, 4º e 5º ANO

Nome: ______________________________

1) Pesquise com seus pais ou com alguém da sua família duas brincadeiras ou dois jogos que eles mais gostavam quando crianças, e descreva-os(as).

____

____

____

____

____

2) Brincar com o jogo de caça-palavras é supersimples: basta encontrar 11 nomes relacionados à atividade física:

P	W	Q	S	Z	A	N	D	A	R	F	A	C	I	T
U	Q	U	F	U	T	E	B	O	L	A	I	L	H	J
L	R	Z	O	J	I	A	Q	W	I	O	L	Z	O	A
A	T	X	R	Q	V	E	L	O	C	I	D	A	D	E
R	Y	C	Ç	F	I	S	I	C	A	M	I	L	U	X
C	Z	V	A	C	D	M	M	E	M	P	F	X	I	S
O	I	B	U	H	A	N	P	N	A	D	A	R	U	D
R	O	N	T	G	D	B	A	R	R	A	L	C	Y	G
D	P	M	R	F	E	V	R	P	E	D	A	L	A	R
A	Q	P	E	D	K	C	C	T	L	S	K	V	T	H
K	D	O	W	S	L	C	A	P	I	N	A	R	R	J
P	L	A	N	T	A	R	S	Y	N	D	J	B	E	K
J	F	I	Q	A	Z	X	A	U	H	F	H	N	W	Q

Aplicação do plano: sucessos, fracassos e reflexões

Para a realização da oficina de diagnóstico da atividade física, iniciou-se uma conversa voltada para a explicação do conceito de atividade física, esclarecendo para os escolares que as brincadeiras, por eles desenhadas, eram atividades físicas. Desse modo, a produção de desenhos foi útil por revelar quais as atividades físicas eram mais presentes no dia a dia dos escolares, sendo elas: jogar futebol, andar de bicicleta e pular corda. Verificou-se que "jogar futebol" esteve mais presente entre os escolares do sexo masculino, "pular corda" entre os escolares do sexo feminino e "andar de bicicleta" foi destacado por escolares de ambos os sexos.

Poucos escolares relataram assistir televisão, jogar *videogame* ou manter outros tipos de hábitos pouco ativos. O fato de essa oficina ter sido aplicada a escolares de zona rural pode ser um fator relevante para a baixa adesão a comportamentos sedentários.

No segundo momento, a proposta de elaborar brincadeiras para vivenciar com os colegas foi aceita por todos os escolares, que desempenharam as atividades com muita criatividade. Foram comuns as brincadeiras de pular corda e permanecer maior tempo com o bambolê pelo corpo. Houve, também, algumas invenções criativas, como: usar a bola para fazer uma adaptação do vôlei; baleado, em que o aluno atingido pela bola deveria ser o "pegador" e arremessar em outro colega, dando prosseguimento à brincadeira; e, em círculo, passar a bola depressa para o colega, fazendo uma analogia da bola com uma bomba. Nesse momento, aproveitou-se para ressaltar que a prática de atividade física, além de proporcionar benefícios para a saúde, pode ser muito prazerosa. Os materiais preferidos pelos escolares foram a bola, o bambolê e a corda, sendo o giz o menos utilizado.

Em geral, os escolares envolvidos nessa oficina demonstraram compreender o conceito de atividade física, o que se comprovou nos desenhos feitos por eles, nas brincadeiras apresentadas com ajuda dos materiais disponibilizados e nos seus relatos verbais. Pôde-se observar que os escolares das turmas de 4º e 5º ano demonstraram maior convicção ao conceituar "atividade física" em relação aos do 1º, 2º e 3º ano. Além disso, os escolares dos anos finais tiveram mais facilidade para compreender a importância da prática de atividades físicas em detrimento aos escolares dos anos iniciais.

A aplicação desse plano nas escolas obteve resultados satisfatórios. Com relação aos pontos positivos, destacam-se: a participação ativa da maior parte dos escolares nos momentos de questionamentos; a contribuição deles às atividades práticas realizadas e a sua dedicação em propor brincadeiras interessantes; a participação ativa das professoras regentes de classe; a constatação de que poucos dos escolares envolvidos permaneciam muito tempo do seu dia em comportamentos sedentários.

Houve, também, alguns fracassos que merecem ser citados, como: a dificuldade de aplicação da oficina em algumas turmas, em razão da inquietação de alguns dos escolares (em geral, os do 1º e 2º ano); a não aceitação desses escolares de que era para desenhar apenas as atividades mais presentes em seu dia a dia; a preferência de grande parte das crianças por realizar a segunda parte da oficina, de planejamento e vivência de atividades, utilizando apenas a bola; o desinteresse pelo giz, que poderia ser usado para a elaboração de outras atividades, a exemplo da conhecida "amarelinha"; e, em algumas escolas, o espaço físico pouco adequado para a realização das atividades.

Na maioria das escolas, o problema do espaço para a prática das atividades se deu não em virtude de esse espaço ser pequeno, mas, sim, dos declives do terreno e da presença de vegetação alta e maltratada, sem manutenção, o que representava risco para os escolares que circulassem pela área. Para tentar contornar esses percalços, os petianos utilizaram como estratégias realizar as atividades em uma área restrita do pátio ou esvaziar uma das salas de aula.

Diante das dificuldades dos escolares de 1º e 2º ano em desenhar algo além de objetos, animais e paisagens durante o primeiro momento, os petianos passaram a orientá-los individualmente, incentivando-os a desenharem também as brincadeiras que realizavam nos ambientes retratados em seus desenhos, o que serviu como alternativa para que a atividade fosse realizada da maneira que havia sido proposta. Quanto ao desinteresse dos demais escolares pelo giz no segundo momento da oficina, os petianos incentivavam o grupo que ficava com esse material a usar sua criatividade, dando exemplos de adaptações de brincadeiras em que se pode utilizá-lo, tornando a oficina mais interessante por meio de um "pega-pega" adaptado, em que o local demarcado pelo giz poderia representar a imunidade.

Apesar das dificuldades, a oficina produziu bons resultados e as soluções propostas pelos petianos para os fracassos foram eficazes na maioria das situações. A oficina demonstrou a possibilidade de investigar as práticas de atividades físicas mais presentes entre as crianças, de forma prazerosa e divertida. A realização de intervenções como essa se torna importante para investigar a proporção de escolares que praticam atividades físicas e para verificar quais delas fazem parte do seu cotidiano. Essa investigação pode possibilitar que o planejamento de oficinas futuras não esteja desvinculado da realidade e das preferências dos escolares, facilitando, assim, o processo de intervenção para a promoção da saúde do escolar.

Referências

1. Silva PVC, Costa Júnior AL. Efeitos da atividade física para a saúde de crianças e adolescentes. Psicol Argum. 2011;29(64):41-50.

2. Caspersen CJP, Kenneth E, Christenson, Gregory M. Physical activity, exercise, and physical fitness: definitions and distinctions for health-related research. Public Health Rep. 1985;100(2):126-31.

3. Poeta LS, Duarte MFS, Caramelli B, Jorge M, Giuliano ICB. Efeitos do exercício físico e da orientação nutricional no perfil de risco cardiovascular de crianças obesas. Rev Assoc Méd Bras. 2013;59(1):56-63.

4. Romero A, Medeiros M, Borges C, Romero S, Slater B. Associação entre atividade física e marcadores bioquímicos de risco para doença cardiovascular em adolescentes de escolas públicas de Piracicaba. Rev Bras Ativ Fis Saúde. 2013;18(5):614-22.

5. Queiroz DR, Ré AHN, Henrique RS, Moura MS, Cattuzzo MT. Participation in sports practice and motor competence in preschoolers. Motriz. 2014;20(1): 26-32.

6. Palma MS, Camargo VA, Pontes MFP. Efeitos da atividade física sistemática sobre o desempenho motor de crianças pré-escolares. Rev Educ Fis. 2012;23(3):421-9.

7. Silva RS, Silva I, Silva RA, Souza L, Tomasi E. Atividade física e qualidade de vida. Ciênc Saúde Coletiva. 2010;15(1):115-20.

8. Merege Filho CAA, Alves CRR, Neves W, Lancha Junior AH, Gualano B, Costa AS. Associação entre o nível de atividade física de lazer e o desempenho cognitivo em crianças saudáveis. Rev Bras Educ Fís Esporte. 2013;27(3):355-61.

9. Bernardes LE, Silva ARV, Costa JV, Freitas RWJF, Campos KBAC, Deus ZLC. Prática de atividade física em adolescentes de escolas públicas: um estudo descritivo. Online Braz J Nurs. 2013;12(1):1-6.

10. Silva DF, Souza LL, Delfino RO, Bianchini JAA, Hintze LJ, Nardo Junior N. Efeitos de um programa multiprofissional de tratamento da obesidade e de sua cessação sobre a aptidão física relacionada à saúde de adolescentes. Rev Educ Fís. 2012;23(3):399-410.

11. Paiva MS, Nardi MG, Streiff TG, Chamlian TR. Benefícios do exercício físico para crianças e adolescentes com paralisia cerebral: uma revisão bibliográfica. Acta Fisiátr. 2010;17(4):175-9.

12. Vasconcellos MB, Anjos LA, Vasconcellos MTL. Estado nutricional e tempo de tela de escolares da rede pública de ensino fundamental de Niterói, Rio de Janeiro, Brasil. Cad Saúde Pública. 2013;29(4):713-22.

13. Oliveira TC, Silva AAM, Santos CJN, Silva JS, Conceição SIO. Atividade física e sedentarismo em escolares da rede pública e privada de ensino em São Luís. Rev Saúde Pública. 2010;44(6):996-1004.

14. Hallal PC, Knuth AG, Cruz DKA, Mendes MI, Malta DC. Prática de atividade física em adolescentes brasileiros. Ciênc Saúde Coletiva. 2010;15(Supl 2):3035-42.

15. Santos MS, Hino AAF, Reis RS, Rodriguez-Añez CR. Prevalência de barreiras para a prática de atividade física em adolescentes. Rev Bras Epidemiol. 2010;13(1):94-104.

16. Martins TG, Assis MAA, Nahas MV, Gauche H, Moura EC. Inatividade física no lazer de adultos e fatores associados. Rev Saúde Pública. 2009;43(5):814-24.

17. Gualano B, Tinucci T. Sedentarismo, exercício físico e doenças crônicas. Rev Bras Educ Fís Esporte. 2011;25(n. esp.):37-43.

18. Souza CO, Silva RCR, Assis AMO, Fiaccone RL, Pinto EJ, Moraes LTLP. Associação entre inatividade física e excesso de peso em adolescentes de Salvador, Bahia – Brasil. Rev Bras Epidemiol. 2010;13(3):468-75.

19. Silva LS, Cotta RMM, Rosa COB. Estratégias de promoção da saúde e prevenção primária para enfrentamento das doenças crônicas: revisão sistemática. Rev Panam Salud Publica. 2013;34(5):343-50.

20. Sanaeinasab H, Saffari M, Pakpour AH, Nazeri M, Piper CN. Intervenção educacional com base em modelo para aumentar a atividade física entre adolescentes iranianos. J Pediatr. 2012;88(5):430-8.

21. Brito AKA, Silva FIC, França NM. Programas de intervenção nas escolas brasileiras: uma contribuição da escola para a educação em saúde. Saúde Debate. 2012;36(95):624-32.

22. Casemiro JP, Fonseca ABC, Secco FVM. Promover saúde na escola: reflexões a partir de uma revisão sobre saúde escolar na América Latina. Ciênc Saúde Coletiva. 2014;19(3):829-40.

23. Cordazzo STD, Westphal JP, Tagliari FB, Vieira ML. Brincadeira em escola de ensino fundamental: um estudo observacional. Inter Psicol. 2010;14(1):43-52.

24. Marani F, Oliveira AR, Guedes DP. Indicadores comportamentais associados à prática de atividade física e saúde em escolares do ensino médio. Rev Bras Ciênc Mov. 2007;15(2):39-46.

4

Pirâmide dos alimentos

Liliana Cardoso dos Santos Souza
Fernanda Menezes dos Santos
Aline dos Santos Rocha
Vanessa Barbosa Facina

A pirâmide dos alimentos adaptada à população brasileira, desenvolvida por Philippi et al.,[1] consiste em um guia alimentar sob a forma de um instrumento gráfico, que tem por objetivo orientar o consumo alimentar saudável.[2] Sua organização se baseia nos principais nutrientes de cada alimento e na quantidade necessária para uma ingestão diária adequada.[3] Adaptada da versão norte-americana, a versão brasileira da pirâmide dos alimentos leva em consideração os hábitos de vida da população do nosso país, definindo as porções de alimentos para uma dieta saudável.[1] A Sociedade Brasileira de Pediatria, por meio de seu Departamento de Nutrologia, disponibiliza em seu *site* (www.sbp.com.br) uma pirâmide dos alimentos especialmente formulada para ser trabalhada e abordada com a população infantil.[4]

Costa et al.[5] evidenciaram, por meio de um estudo de intervenção, que a educação nutricional é capaz de proporcionar aquisição de conhecimento e melhoria do comportamento alimentar de crianças. Tal achado reforça a ideia de que, para se ter a presença de escolhas saudáveis ao longo da vida, é fundamental que sejam realizadas intervenções educativas com o público infantil.[5,6] Trabalhar questões de saúde, com escolares, pode prevenir o surgimento de doenças associadas aos hábitos de vida não saudáveis e, nesse contexto, ações educativas em nutrição compreendem instrumentos importantes de serem utilizados nas escolas, inclusive como parte da matriz curricular.[7,8] Segundo Triches e Giugliani,[9] a escola, a família e os meios de comunicação são responsáveis pelo conhecimento que as crianças apresentam sobre a alimentação saudável.

É importante relembrar que a alimentação inadequada e o comportamento sedentário, efeitos da transição nutricional,[10] têm levado ao surgimento de doenças crônicas, emergentes na população brasileira.[6,11]

Entende-se por transição nutricional o fenômeno no qual ocorre uma inversão nos padrões de distribuição dos problemas nutricionais de uma dada população no tempo, sendo, em geral, uma passagem da desnutrição para a obesidade, dadas as modificações da ingestão alimentar como consequência de transformações econômicas, sociais, demográficas e sanitárias.[12]

Alguns autores destacam que a formação dos hábitos alimentares saudáveis na infância tem papel fundamental na prevenção de doenças crônicas não transmissíveis (DCNTs) e carências nutricionais nas fases seguintes.[3,13] Logo, ações integradas que visem à saúde das crianças e envolvam as famílias, as escolas e as comunidades são imprescindíveis.[9]

Carvalho, Oliveira e Santos[14] concluíram que o consumo de frutas, de verduras e de legumes tem diminuído, em detrimento dos alimentos gordurosos, industrializados, de alto valor calórico e ricos em açúcares, entre as crianças. Diante desse cenário, a apresentação e os esclarecimentos acerca da pirâmide dos alimentos, por meio de atividades lúdicas, fazem parte de um plano no qual se objetiva a valorização do consumo de alimentos saudáveis, proporcionando às crianças mais foco e concentração no tema.[15,16] Segundo Costa et al.,[5] atividades baseadas em jogos, em cartazes e em dinâmicas de grupo tornam a aprendizagem efetiva e prazerosa, além de permitir que o conhecimento sobre a pirâmide dos alimentos gere reflexões nos escolares acerca dos seus próprios hábitos alimentares.

Por apresentar recomendações que atendam a todos os indivíduos saudáveis[15] e proporcionar ensinamentos sobre a adoção de estilos de vida melhores, mais saudáveis,[14] trabalhar a pirâmide alimentar na escola pode ser considerada uma eficaz alternativa de promoção da saúde do escolar, pela valorização das escolhas que contribuem para a manutenção da saúde e consequente melhora da qualidade de vida.

Plano de trabalho

Este plano de trabalho foi elaborado com foco no Ensino Fundamental I, para turmas de até 30 escolares. Sua duração média foi programada em 60 minutos por turma.

Objetivo geral

- Apresentar a pirâmide dos alimentos como guia alimentar para práticas saudáveis.

Objetivos específicos

- Detalhar os objetivos e os grupos que compõem a pirâmide dos alimentos.
- Possibilitar aos escolares a identificação das porções estimadas para cada grupo de alimentos.

- Proporcionar aos escolares a formação do raciocínio de comparação entre o consumo ideal e os seus hábitos alimentares (consumo real).
- Ressaltar a necessidade da ingestão de água e da prática de atividade física para fortalecer os benefícios da alimentação adequada.

Procedimentos didático-metodológicos

- Explicação do conteúdo por meio do pôster da pirâmide dos alimentos para crianças.
- Construção, em grupo, da pirâmide dos alimentos, de acordo com o pôster apresentado.
- Discussão da atividade, por meio da apresentação da pirâmide construída pelos escolares.

Recursos materiais

- Pôster da pirâmide dos alimentos para crianças.
- Cartolinas.
- Figuras de alimentos (variadas, que contemplem todos os grupos alimentares da pirâmide dos alimentos, suficientes para serem coladas nas cartolinas, e impressas em preto e branco).
- Figuras que representem a ingestão de água e a prática da atividade física (para serem acrescentadas nas cartolinas).
- Lápis de cor (para todos os escolares).
- Tesouras.
- Fita adesiva.
- Cola.
- Caneta hidrocor.

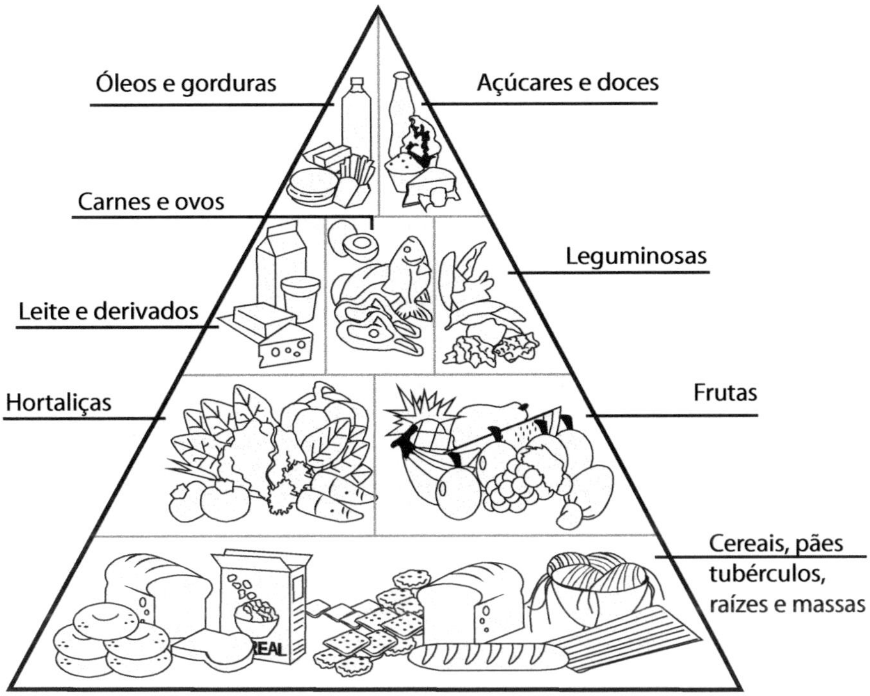

FIGURA 4.1 – Pirâmide dos alimentos.

Atividades

A oficina deve ser realizada em três momentos: o primeiro compreende uma explanação sobre o assunto a ser abordado; o segundo propõe uma atividade prática, a fim de fixar o conteúdo trabalhado; e o terceiro momento permite que os escolares façam um resgate do tema trabalhado.

Primeiro momento

- Duração prevista: 20 minutos.

Ao apresentar a pirâmide dos alimentos, deve-se destacar os grupos dos alimentos e a importância de cada um. A pirâmide que estampa o pôster utilizado no plano de trabalho é uma adaptação da pirâmide proposta por Phillipi et al.,[1] na qual foram incluídas imagens que fizessem alusão à prática de atividades físicas e à ingestão de água, com o propósito de enfatizar a necessidade do exercício e a ingestão hídrica na manutenção da saúde.

O primeiro nível da pirâmide dos alimentos (localizado na base) compreende o grupo dos pães, dos cereais, dos tubérculos, das raízes e das massas, tendo como nutriente fonte o carboidrato. Os alimentos que fazem parte desse grupo são classificados como "energéticos", e precisam ser consumidos em maior quantidade, por oferecerem energia para o funcionamento do organismo e das atividades motoras (brincar, falar, correr etc.). O segundo nível corresponde aos grupos das frutas e das hortaliças e, por fornecerem vitaminas, minerais e fibras, esses alimentos são denominados "reguladores", cuja função é controlar as reações que ocorrem no organismo. O terceiro nível inclui os grupos do leite e derivados, das carnes, dos ovos e dos peixes, e outro grupo, o das leguminosas. O grupo do leite e derivados contém alimentos considerados fonte de cálcio, mineral importante para a saúde óssea. Os alimentos desse e dos demais grupos do terceiro nível contêm como nutriente principal a proteína e são chamados de "construtores", por serem responsáveis pela composição dos tecidos celulares. O quarto nível (topo da pirâmide dos alimentos) corresponde ao grupo dos doces e dos açúcares, além do grupo dos óleos e das gorduras, que são classificados como "energéticos extras", e devem ser consumidos em menor quantidade.[2,15]

Segundo momento

- Duração prevista: 30 minutos.

Após conhecerem os grupos dos alimentos e suas respectivas posições na pirâmide dos alimentos, os escolares devem colorir figuras diversas, referentes a alimentos, atividades físicas e ingestão hídrica. Em seguida, com a ajuda dos petianos e da professora, recortar as figuras e se dividir em grupos, para organizá-las na pirâmide dos alimentos desenhada em uma cartolina. Propõe-se a construção de 6 pirâmides por turma.

Terceiro momento

- Duração prevista: 10 minutos.

Os escolares devem apresentar a pirâmide dos alimentos confeccionada pelos grupos ao restante da turma, descrevendo seus grupos alimentares, porções correspondentes e funcionalidade dos alimentos.

Atividades a serem solicitadas

- *Escolares de 1º e 2º ano*: solicitar que desenhem ou escrevam o nome dos alimentos que consideram importantes na pirâmide dos alimentos. O objetivo dessa atividade é constatar se os escolares compreenderam a importância não apenas de alguns alimentos, mas, sim, de todos os grupos alimentares, para o bom funcionamento do organismo como um todo.
- *Escolares de 3º e 4º ano*: solicitar que façam quatro listas, sendo a primeira com nomes de alimentos energéticos; a segunda, de alimentos reguladores; a terceira, de alimentos construtores; e quarta, de energéticos extras. O objetivo dessa atividade é comprovar o aprendizado dos escolares quanto aos grupos dos diferentes níveis da pirâmide dos alimentos. Acredita-se que a associação entre esses níveis e os grupos dos alimentos será útil para que os escolares reflitam sobre a importância de cada um.
- *Escolares do 5º ano*: solicitar que façam uma redação para explicar o que aprenderam durante a oficina. O objetivo dessa atividade, assim como as anteriores, é identificar possíveis dificuldades dos escolares quanto à apresentação do tema, para que possam ser esclarecidas nos próximos encontros.

Atividades complementares

SÉRIE: 1º e 2º ANO

1) Circule os alimentos que devemos comer poucas vezes:

2) Pinte apenas os alimentos do grupo das frutas e hortaliças:

3) Com a ajuda da sua professora, escreva o nome de 2 alimentos que são derivados do leite.

____

4) Faça um desenho bem bonito da sua fruta preferida!

SÉRIE: 3º ANO

Nome: ____

1) Indique os grupos dos alimentos presentes em cada nível da pirâmide alimentar.

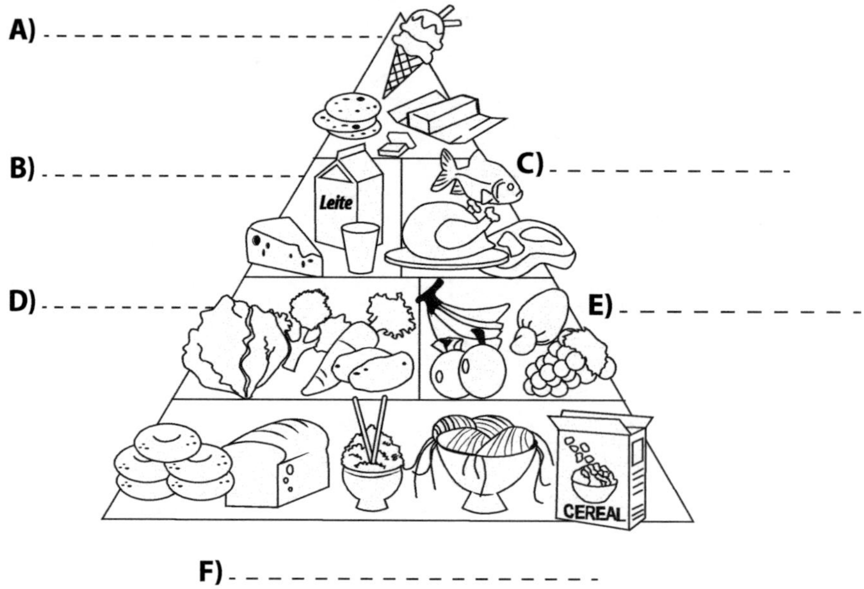

2) Pinte os alimentos dos quais devemos consumir apenas 1 porção:

3) Encaixe no diagrama os nomes dos alimentos ilustrados abaixo:

Alface Beterraba Cenoura
Feijões Ovos Tomate

4) De acordo com a questão anterior, responda:

Qual alimento pertence ao grupo das leguminosas?

Quais alimentos pertencem ao grupo das hortaliças?

SÉRIE: 4º e 5º ANO

Nome: ____

1) A pirâmide alimentar representa os grupos dos alimentos que devemos consumir e suas quantidades em porções. Indique os grupos alimentares e quantas porções de cada grupo são necessárias para mantermos uma boa saúde.

A) - - - - - - - - - - - - - - - - - - -

B) - - - - - - - - - - - - - - - -

C) - - - - - - - - - - - -

D) - - - - - - - - -

E) - - - - - - - - - - - -

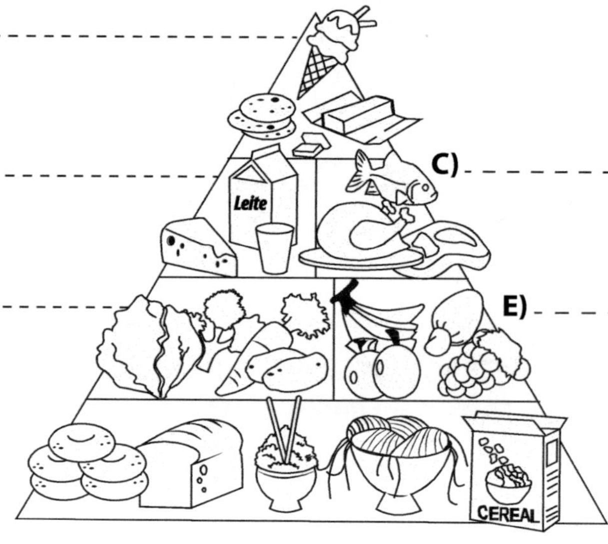

F) - - - - - - - - - - - - - - - - - -

2) Leia com atenção para acertar o desafio!

Carboidratos são açúcares que dão energia ao corpo, mas nem sempre têm o sabor doce. Exemplo de alimentos ricos nesse nutriente:

PÃO	BISCOITOS
MACARRÃO	BATATA-DOCE
ARROZ	MACAXEIRA

ENCONTRE OS ALIMENTOS RICOS EM CARBOIDRATO:

X S E U O Ç J P K O A X B X V D I U J K M T N M R P Z L S B
F E P Ã O T F L Ã U Q U H P H Z X I R L A E O Ç Y T N O F G
R I Ç Z H E T K M Z M H F B T D V E P W C M J K R L A U K E
T U J X P H E G X A B Z X B T E G Ç P O A K F A X E Ç Y P U
P E Ç Z C O Ã R R A C A M J Y I X E D R X E Y J E T Ã F E D
Ç Q R R T R O H M E P S G H S T L A L R E L F S R Z U M L O
J B K E A R C Y S N E R S I V O T Ã S Y I R J O G D X Z D L
T P I S S A Ç M G S U H R R T A M U S I R U K Ç E H X I D I
O Ã U Q T I S Q O D I D N Y T E X E T V A Y Ã K G U D L Y Ç
B F I A Ç V U P B N O G T A F P I M N Z F P A R R O Z X Y Z
O R B I S C O I T O S D B Z E P G U D V J O U L M I T R D O

Aplicação do plano: sucessos, fracassos e reflexões

Ao apresentar a pirâmide dos alimentos para os escolares, os petianos destacaram seus objetivos e os grupos dos alimentos que a compõem, além das porções estimadas para cada grupo. Ressaltaram, também, a necessidade da ingestão de água e a prática de atividade física para fortalecer os benefícios de uma alimentação adequada. Com o auxílio de um pôster educativo, a pirâmide demonstrou as quatro funcionalidades dos alimentos, definidos como energéticos, reguladores, construtores e energéticos extras. Durante a explicação de cada grupo, as crianças interagiram e identificaram facilmente todos os alimentos expostos.

Ao apresentar a pirâmide para essa faixa etária (escolares), alguns itens devem ser considerados:

- crianças de menor idade podem apresentar dificuldades em compreender o tema proposto;
- combinações habituais na rotina alimentar das crianças tendem a confundi-las quanto aos grupos da pirâmide;
- alimentos que não fazem parte da realidade dos escolares devem ser substituídos por outros já conhecidos por eles, considerando, sobretudo, sua acessibilidade aos escolares.

A proposta de iniciar a oficina com a apresentação da pirâmide dos alimentos em pôster permitiu que os escolares visualizassem claramente a divisão dos grupos dos alimentos. Por se sentirem atraídos pela imagem colorida e pelo tema ter sido abordado de maneira interativa, o segundo momento do plano de trabalho foi ainda mais interessante. Nessa etapa, os escolares ficaram entusiasmados com a ideia de construírem, em grupo, a sua própria pirâmide, por meio da qual teriam a oportunidade de comprovar que realmente aprenderam sua organização. Vale ressaltar que algumas professoras mostraram-se bastante interessadas no tema apresentado pelo programa, já que, em algumas séries, elas estavam abordando esse conteúdo.

A atividade da confecção das pirâmides serviu, inicialmente, como um "teste de memória", em que os escolares puderam interagir entre si, discutindo o motivo de tal alimento estar em determinada posição na pirâmide. Quando uma criança errava (alguns escolares colocaram o arroz no grupo das leguminosas, por exemplo, provavelmente por associar a combinação arroz e feijão), outra a corrigia e, juntas, elas iam construindo a pirâmide dos alimentos que haviam aprendido minutos antes.

Ao apresentar a pirâmide já construída, as crianças relembraram as explicações dadas previamente pelos petianos e identificaram cada grupo de alimentos e seus benefícios à saúde. Com facilidade, lembraram-se do cálcio, como fortalecedor de ossos e de dentes, e das carnes, como fontes de proteína, essenciais para a formação dos músculos. Souberam reconhecer o grupo dos óleos e das gorduras, bem como o grupo dos doces e dos açúcares como prejudiciais, se consumidos em excesso.

A oficina obteve resultados satisfatórios para todas as turmas, ainda que as de 1º e 2º ano evidenciassem menor facilidade para compreender o conteúdo. Já considerando a possibilidade do nível de entendimento entre as crianças mais novas ser diferente das demais, os petianos refletiram sobre qual linguagem seria mais apropriada para cada turma. Assim, nas turmas mais velhas (3º a 5º ano), foi utilizada uma abordagem mais detalhada da pirâmide dos alimentos, com maior destaque a termos como *carboidratos*, *lipídios*, entre outros. Nas turmas de crianças mais novas, tais definições foram abordadas em uma linguagem mais conotativa, em que, apesar de citar os termos anteriores, foi preferível traduzi-los como "açúcares" e "gorduras", por exemplo.

A dificuldade que se destacou foi em relação às porções dos alimentos. As crianças não conseguiam compreendê-las. "O que é uma porção?", "Pra que ela serve?" e "Como medir uma porção?" foram as questões mais difíceis de serem abordadas. Os petianos chegaram ao consenso de que não seria oportuno falar sobre quantidades em gramas ou mesmo números e tipos de colheres (como é definido que quatro colheres de sopa de arroz equivalem a uma porção do grupo dos carboidratos). Assim, foi orientado aos escolares que considerassem como "porção" a quantidade mais habitual que cada alimento é consumido (banana, laranja e goiaba, por exemplo, poderiam equivaler, juntas, a três porções diárias do grupo das frutas).

Outro momento que se destacou foi quando os petianos falaram sobre o grupo do leite e derivados, no qual, ao perguntar às crianças o porquê da manteiga, mesmo sendo originada do leite, não se encontrar neste grupo, um aluno imediatamente respondeu que esse é um produto "*com muita gordura e, por isso, deve estar no topo da pirâmide, onde ficam os alimentos que devemos comer menos*". Pela dedução do escolar, endossada pelo restante da turma, os petianos puderam certificar-se de que as crianças haviam compreendido sobre proporções de consumo, além do significado dos níveis que dividem a pirâmide dos alimentos.

Como aconteceu em algumas escolas, a presença de um profissional da área da Nutrição para guiar esse plano de trabalho foi capaz de torná-lo ainda mais interessante e enriquecedor, seja por sua maior experiência e/ou conhecimento mais aprofundado, seja pelo fato de impor mais credibilidade à intervenção. Entretanto, deve-se considerar que sua ausência pode ser preenchida sem constrangimento por petianos ainda em formação, contanto que esses universitários estejam preparados para abordar o conteúdo de maneira clara e didática, com total domínio sobre o assunto (afinal, tanto os escolares quanto as professoras tendem a apresentar dúvidas sobre o tema).

Embora o plano tenha sido realizado sem intercorrências, deve-se considerar que questões, como a hiperatividade de algumas crianças e a possível resistência por parte de algum professor, precisam ser solucionadas com sabedoria. Valorizar a participação de todos os escolares, mas delegar funções especiais aos mais inquietos (por exemplo, monitor dos colegas), é uma alternativa para que se sintam especiais e responsáveis por ocupar um papel de liderança. Quanto aos professores, é importante transparecer que a sala de aula é um território liderado por eles, e que o grupo PET-Saúde é grato pela sua recepção. Muitos educadores não têm um conhecimento aprofundado sobre alimentação e nutrição, logo, precisam compreender que os petianos podem retribuir sua ajuda por meio de novos ensinamentos, oferecidos durante as oficinas.

A abordagem da pirâmide dos alimentos é um importante plano de trabalho que serve de base para os próximos encontros. Todos os conteúdos subsequentes associam algumas das doenças mais comuns na população à transição nutricional. Dessa maneira, antes de se discutir com os escolares sobre doenças crônicas, por exemplo, é necessário que eles sejam capazes de associá-las, também, ao consumo inadequado dos alimentos presentes em cada grupo alimentar. Para que, após o final do programa, as crianças não se esqueçam do que foi trabalhado em sala de aula, é aconselhável revisar a pirâmide dos alimentos antes de dar início às demais oficinas, pelas quais, por meio das perguntas direcionadas a elas, ficarão claras as principais dificuldades de cada turma.

A adoção de práticas alimentares promotoras de saúde depende de um dedicado processo de reeducação alimentar, e o primeiro passo é o reconhecimento dos hábitos prejudiciais. Desse modo, a pirâmide dos alimentos é capaz de orientar as crianças na busca por escolhas mais saudáveis, em que deve haver cuidados e prioridades que tornam os escolares cada vez mais responsáveis pelo seu próprio estilo de vida.

Referências

1. Philippi ST, Latterza AR, Cruz ATR, Ribeiro LC. Pirâmide alimentar adaptada: guia para escolha dos alimentos. Rev Nutr. 1999;12(1):65-80.

2. Philippi, ST. Pirâmide dos alimentos: fundamentos básicos da nutrição. Barueri: Manole; 2008.

3. Barbosa RMS, Salles-Costa R, Soares EA. Guias alimentares para crianças: aspectos históricos e evolução. Rev Nutr. 2006;19(2):255-63.

4. Sociedade Brasileira de Pediatria. Departamento de Nutrologia. Pirâmide alimentar; 2012 [acesso em 25 jun 2014]. Disponível em: http://www.sbp.com.br/pdfs/14297e1-cartaz_Piramide.pdf.

5. Costa AGM, Gonçalves AR, Suart DA, Suda G, Piernas P, Lourena LR, et al. Avaliação da influência da educação nutricional no hábito alimentar de crianças. J Health Sci Inst. 2009;27(3):237-43.

6. Rossi A, Moreira EAM, Rauen MS. Determinantes do comportamento alimentar: uma revisão com enfoque na família. Rev Nutr. 2008;21(6):739-48.

7. Bizzo MLG, Leder L. Educação nutricional nos parâmetros curriculares nacionais para o ensino fundamental. Rev Nutr. 2005;18(5):661-7.

8. Fernandes OS, Bernardo CO, Campos RMMB, Vasconcelos FAG. Avaliação do efeito da educação nutricional na prevalência de sobrepeso/obesidade e no consumo alimentar de escolares do ensino fundamental. J Pediatr. 2009;85(4):315-21.

9. Triches RM, Giugliani ERJ. Obesidade, práticas alimentares e conhecimentos de nutrição em escolares. Rev Saúde Pública. 2005;39(4):541-7.

10. Venâncio PEM, Teixeira CGDO, Silva FMD. Excesso de peso, nível de atividade física e hábitos alimentares em escolares da cidade de Anápolis-GO. Rev Bras Ciênc Esporte. 2013;35(2):441-53.

11. Sichieri R, Coitinho DC, Monteiro JB, Coutinho WF. Recomendações de alimentação e nutrição saudável para a população brasileira. Arq Bras Endocrinol Metab. 2000;44(23):227-32.

12. Organización Panamericana de la Salud. La obesidad en la pobreza: un nuevo reto para la salud pública. Washington (DC): OPS; 2000.

13. Filha EDOS, Araújo JS, Barbosa JS, Gaujac DP, Santos CFS, Silva DG. Consumo dos grupos alimentares em crianças usuárias da rede pública de saúde do município de Aracaju, Sergipe. Rev Paul Pediatr. 2012;30(4):529-36.

14. Carvalho APD, Oliveira VBD, Santos LCD. Hábitos alimentares e práticas de educação nutricional: atenção a crianças de uma escola municipal de Belo Horizonte, Minas Gerais. Pediatria (São Paulo). 2010;32(1):20-7.

15. Botelho L, Ferreira V. Promoção da alimentação saudável para escolares: aprendizados e percepções de um grupo operativo. Nutrire Rev Soc Bras Aliment Nutr. 2010;35(2):103-16.

16. Brasil. Ministério da Saúde. Secretaria de Políticas de Saúde. A escola promovendo hábitos alimentares saudáveis: peso saudável. Brasília: Ministério da Saúde; 2001.

5

Pirâmide da atividade física

Ellen Galvão Pereira
Érika Karine Almeida Nogueira
Thalita Brandão Silva Teixeira
Alex Pinheiro Gordia
Teresa Maria Bianchini de Quadros

As mudanças de hábitos, sobretudo nas configurações epidemiológica e nutricional, foram as principais responsáveis pelo aumento da ocorrência das doenças crônicas não transmissíveis (DCNTs).[1-3] Hoje, as DCNTs são as principais causas de mortalidade no mundo.[4] Segundo Alwan et al.,[5] no ano de 2008, 63% do total das mortes no mundo foram atribuídas a essas patologias, com destaque para o diabetes melito, as doenças cardiovasculares, as doenças respiratórias e o câncer. No Brasil, as DCNTs representam um problema de saúde pública de grande magnitude, sendo responsáveis por mais de 70% das causas de mortes.[6]

As evidências que indicam a relação entre a inatividade física e as DCNTs são notórias nos últimos anos.[1,7] Está bem estabelecido na literatura que hábitos de prática de atividade física adquiridos durante a infância podem persistir na vida adulta, podendo ser de vital importância na prevenção das DCNTs e a promoção da saúde.[8-11] No entanto, são cada vez mais frequentes comportamentos sedentários, como assistir televisão e jogar *videogame*, no cotidiano de crianças e adolescentes.[11-13] Nesse sentido, a implementação de programas que visem à promoção de um estilo de vida mais ativo torna-se imprescindível, sobretudo no âmbito escolar.[7,14]

Segundo a Organização Mundial de Saúde (OMS),[15] dois terços dos adolescentes com idade inferior a 15 anos não atendem às recomendações vigentes de prática de atividade física. No Brasil, estudos apontam que baixos níveis de atividade física e comportamento sedentário afetam a maioria das crianças e dos adolescentes do país.[11,12,14,16-18] Esse panorama reforça a importância da inclusão de atividades físicas no cotidiano desses indivíduos. A atividade física regular durante a infância e adolescência é considerada um componente importante para a manutenção/a redução da gordura corporal e influencia de forma positiva a prevenção e o tratamento das DCNTs, o desempenho acadêmico e a elevação da autoestima.[19]

De acordo com o Colégio Americano de Medicina do Esporte (ACSM),[19] para que se tenham benefícios relacionados à saúde é recomendada, para adultos, a realização de, pelo menos, 30 minutos de atividade física de esforço moderado, de 3 a 5 dias por semana. Para crianças e adolescentes, as diretrizes estabelecem um mínimo de 60 minutos de atividade física diária com intensidade moderada à vigorosa. Em contrapartida, recomenda-se que crianças e adolescentes não ultrapassem 2 horas diárias em comportamentos sedentários, como assistir televisão, jogar *videogame* e usar o computador.[20] Contudo, essas recomendações são expressas por indicadores de tempo, de intensidade, de frequência e de tipo de atividades físicas que podem ser de difícil compreensão para jovens, em especial, para crianças.

Com vistas a facilitar o ensino e a compreensão dessas diretrizes, foi desenvolvida a *pirâmide da atividade física*. A pirâmide é um instrumento didático e seu uso pode ser uma estratégia interessante para fomentar a prática de atividade física dentro e fora do ambiente escolar. Em sua base, estão as atividades que devem ser realizadas com maior frequência e pelo maior tempo possível, como caminhar e ajudar nas tarefas de casa. No segundo nível, encontram-se os exercícios que envolvem atividades aeróbias, como pular corda e andar de bicicleta, com sugestão de frequência semanal de três a cinco dias. No terceiro nível, encontram-se as atividades de fortalecimento muscular e de flexibilidade, com recomendação de realização em dois ou três dias por semana. No topo da pirâmide, concentram-se os comportamentos sedentários, que devem ter a menor frequência possível (Figura 5.1).

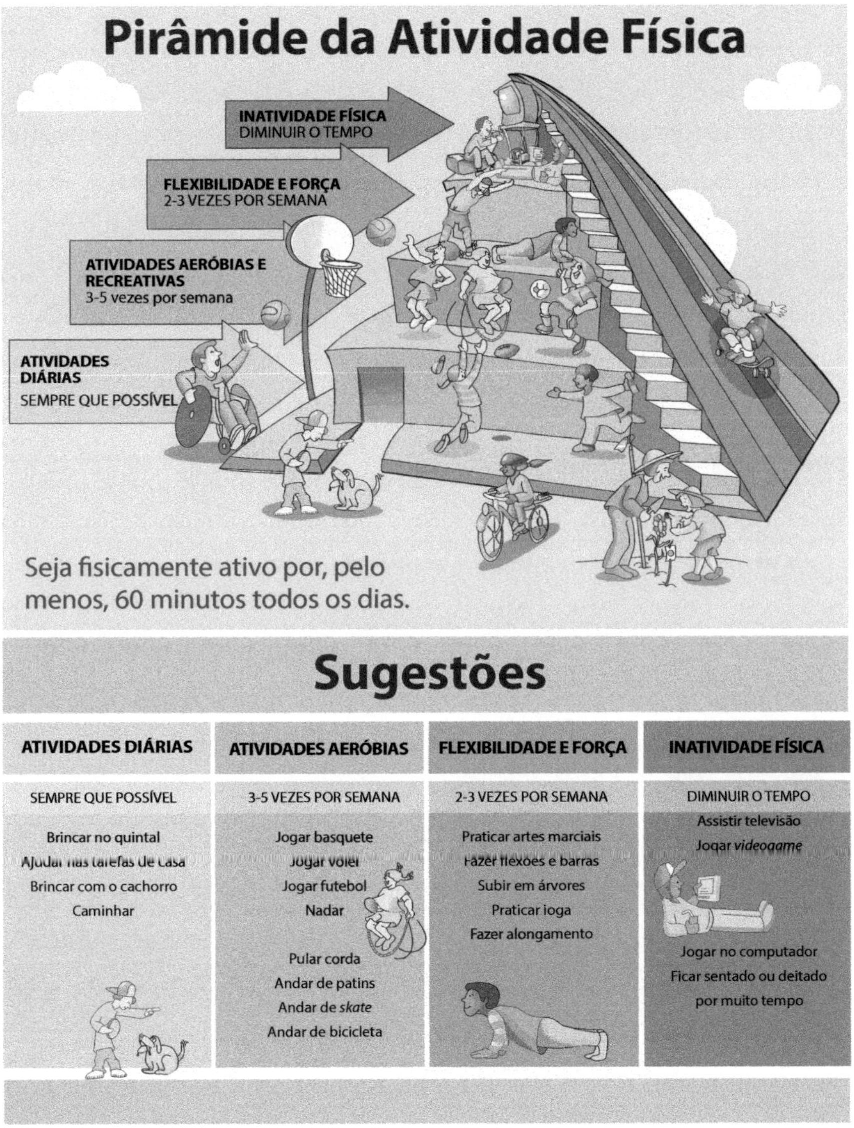

Figura 5.1 – Pirâmide da atividade física.

O sentimento de prazer durante a prática é fundamental para a manutenção das atividades físicas entre crianças e adolescentes.[19] Nesse sentido, deve-se pensar em um leque de atividades agradáveis e apropriadas do ponto de vista do crescimento e desenvolvimento desse grupo. As atividades podem incluir caminhadas, brincadeiras ativas, esportes, atividades de fortalecimento muscular e ósseo, e alongamentos.

Considerando as informações apresentadas, o PET *Promoção da Saúde do Escolar* desenvolveu e aplicou a oficina sobre a *Pirâmide da Atividade Física*, com o objetivo de abordar a importância da prática de atividade física e seus benefícios por meio da compreensão dos estágios da pirâmide da atividade física. Ao longo deste capítulo, será apresentado ao leitor um plano de trabalho desenvolvido para trabalhar o tema *Pirâmide da Atividade Física* com escolares, bem como os resultados, os sucessos, os fracassos e as reflexões referentes à aplicação deste plano.

Plano de trabalho

O plano de trabalho sobre a *Pirâmide da Atividade Física* foi elaborado para ser aplicado no Ensino Fundamental I, com escolares de 1º a 5º ano, para turmas de até 30 escolares e duração aproximada de 60 minutos. O presente plano visa contribuir ao processo de conscientização dos escolares sobre a importância da prática de atividade física diária.

Objetivo geral

- Trabalhar a compreensão dos níveis da pirâmide da atividade física (frequência e tipo de atividades) e os benefícios da prática regular de atividade física.

Objetivos específicos

- Explicar os níveis da pirâmide da atividade física.
- Exemplificar as atividades contidas na pirâmide de acordo com o cotidiano dos escolares.
- Propiciar condições para que os escolares possam diferenciar os tipos de atividades físicas e os benefícios de cada nível da pirâmide, bem como os malefícios dos hábitos sedentários.
- Oportunizar que os escolares construam em equipe a pirâmide da atividade física.
- Propiciar condições para que os escolares possam compreender a importância da atividade física.

Procedimentos didático-metodológicos

- Explicação oral das atividades.
- Construção da pirâmide da atividade física.
- Discussão do tema em grupo.
- Avaliação do interesse, participação e compreensão do tema abordado pelos escolares, por meio de observação e conversa com eles, durante as atividades desenvolvidas.

Recursos materiais

- 1 câmera fotográfica;
- 1 pôster da pirâmide da atividade física (Figura 5.1);
- 3 cartolinas com a pirâmide desenhada;
- 3 caixas de lápis;
- 9 tesouras sem ponta;
- 3 tubos de cola;

- 3 envelopes com imagens que compõem a pirâmide da atividade física;
- 1 corda de aproximadamente cinco metros.

Atividades

Sugere-se que a oficina seja dividida em três momentos, visando a uma progressão pedagógica adequada do conteúdo a ser trabalhado.

Primeiro momento

Compreende a apresentação e a explicação dos estágios da pirâmide da atividade física, bem como as atividades que compõem cada nível e a frequência semanal recomendada. Para isso, utilizamos como recurso um pôster da pirâmide da atividade física. Ainda nesse momento, sugere-se abordar questões sobre o comportamento sedentário, ressaltando o quanto é prejudicial exceder o tempo recomendado para as atividades que tenham pouco gasto energético.

Segundo momento

Objetiva melhorar a compreensão da Pirâmide da Atividade Física por meio da confecção da pirâmide pelos escolares. Recomenda-se que os escolares sejam divididos de três a quatro grupos (com sete a nove escolares por grupo). Após essa divisão, cada grupo receberá o material (cartolina com uma pirâmide desenhada, lápis de cor, tesouras, cola e imagens que compõem a pirâmide da atividade física) para colorir, recortar e colar as imagens, identificando o tipo e a frequência das atividades que compõem cada estágio da pirâmide. Posteriormente, os escolares devem apresentar os trabalhos para a turma e, com os petianos, discutir o trabalho realizado pelas equipes.

Terceiro momento

Vivência de atividades lúdicas com diferentes estímulos, para revisar os conteúdos trabalhados anteriormente. Foram utilizadas as seguintes atividades:

- *Cabo de guerra*: divide-se o grupo em duas equipes ao longo de uma corda, com cerca de cinco metros, para que todos os escolares possam participar. Os dois grupos são dispostos em lados opostos da corda, que é demarcada com um retalho de tecido ao meio. No chão, é desenhado um "X", para demarcar o ponto referente ao meio. O objetivo é puxar o grupo rival, de modo a fazê-lo cruzar a marcação central. Essa atividade se enquadra na pirâmide da atividade física no requisito aumento da força muscular.
- *Pular corda*: duas pessoas seguram as pontas da corda, uma de cada lado, batendo-a em círculo e de forma ritmada, enquanto um terceiro integrante (ou mais) pula assim que a corda tocar no chão. Para as crianças que não sabem pular, é preciso adaptar a atividade. Em vez de batê-la em círculos, as duas pessoas que a seguram devem apenas balançá-la de um lado para o outro e pedir que a criança pule quando a corda estiver indo em sua direção. Essa atividade se enquadra na pirâmide da atividade física como atividade aeróbia.
- *Pega-pega gelou* (variação do pega-pega): nessa variação, quem for pego deve ficar parado no lugar onde foi tocado, até que alguém que ainda não foi pego toque nele, libertando-o. Essa atividade se enquadra na pirâmide da atividade física como atividade diária.
- *Pega-pega arrastão* (variação do pega-pega): nessa variação, quem for pego deve segurar na mão do outro pegador e, juntos, devem alcançar os demais. Porém, nenhum pegador pode se soltar das mãos dos companheiros. Essa atividade se enquadra na pirâmide da atividade física como atividade diária.

Recomenda-se que a avaliação dessa oficina seja realizada por meio da observação do interesse e da participação dos escolares nas atividades desenvolvidas. Sugere-se, também, que seja observada a compreensão dos escolares sobre o tema abordado durante a discussão em grupo, a realização da confecção da pirâmide da atividade física e a vivência das atividades lúdicas.

Atividades complementares

SÉRIE: 1º e 2º ANO

Nome:____

1) Pinte apenas as figuras que representam atividades aeróbias e recreativas na pirâmide da atividade física.

2) Ligue as figuras à pirâmide da atividade física, identificando a posição em que devem estar:

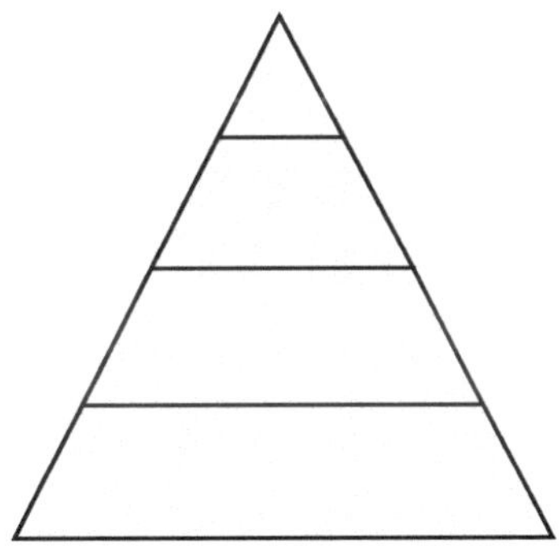

SÉRIE: 3º ANO

Nome: ____

1) De acordo com os conhecimentos adquiridos até agora, construa a pirâmide da atividade física utilizando a figura a seguir.

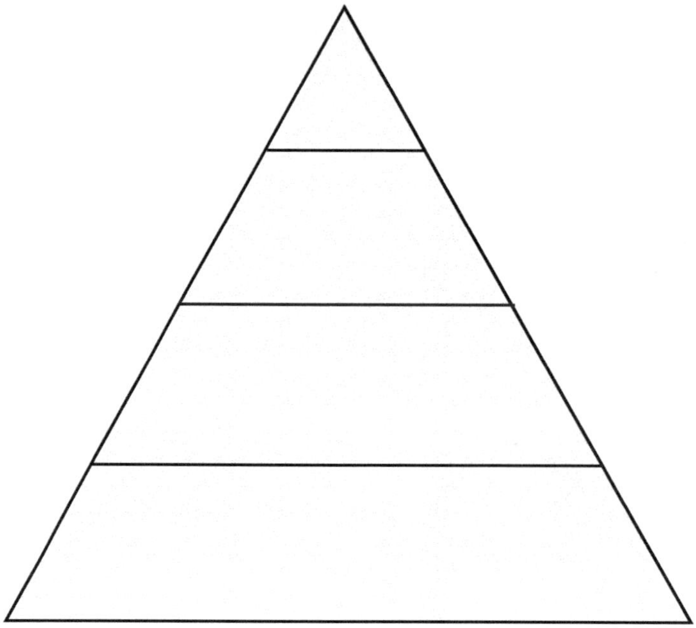

2) Cite duas atividades de força e duas atividades recreativas e esportivas que estão inseridas na pirâmide da atividade física:

Atividade de força:

____

____

Atividades recreativas e esportivas:

____

____

SÉRIE: 4º e 5º ANO

Nome: ____

1) Relacione (ligue) as figuras de atividades com sua frequência esperada de acordo com a pirâmide da atividade física:

Todos os dias

De 3 a 5 vezes na semana

De 2 a 3 vezes na semana

Máximo de 2 horas por dia

2) Construa a pirâmide da atividade física, identificando os tipos de atividade e a frequência que devem ser realizadas.

Aplicação do plano: resultados, sucessos, fracassos e reflexões

Assim como em qualquer outra oficina, a aplicação de um plano compreende em sua avaliação final os sucessos e os fracassos, levando-nos a algumas reflexões para que se possa pensar em mudanças no trato com o conteúdo.

No primeiro momento, de explicação da pirâmide, utilizou-se como estratégia a associação entre a pirâmide da atividade física e a pirâmide alimentar para facilitar a compreensão da frequência da prática de cada tipo de atividade física. A pirâmide alimentar, que já havia sido trabalhada com os escolares (*vide* Capítulo 4), foi mencionada para enfatizar que as atividades da base da pirâmide deveriam ser praticadas com maior frequência do que as dos estágios superiores, seguindo a mesma lógica da pirâmide alimentar, que baseia a sua organização nos principais nutrientes de cada alimento e na quantidade necessária para uma ingestão diária adequada.[21]

Nas turmas de 1º e 2º ano foi preciso bastante atenção nesse momento, tendo em vista que os escolares tiveram dificuldade em compreender a questão da frequência de cada atividade e, sobretudo, a especificidade de cada uma, como, por exemplo, qual era atividade aeróbia e qual era atividade de flexibilidade. Apesar das dificuldades de alguns escolares, a aproximação dos petianos no momento de construção da pirâmide foi muito útil para sanar as dúvidas e auxiliá-los na construção dela. Esse ponto nos leva a pensar que uma segunda explicação, de forma individualizada para cada grupo, possa ser uma estratégia satisfatória para que haja o alcance do principal objetivo do plano, bem como seus objetivos específicos, durante o momento de explicação.

Quanto aos escolares de 3º, 4º e 5º ano, observou-se que eles demonstraram bastante atenção e foram muito participativos durante a explicação. Eles apresentaram alguns conhecimentos prévios sobre o assunto, como o fato de saberem que as brincadeiras do seu cotidiano são atividades físicas, o que pode ter ocorrido porque já haviam vivenciado a oficina sobre o *Diagnóstico da prática de atividade física* (Capítulo 3). Além disso, alguns dos escolares dessas turmas fizeram correlações importantes entre a pirâmide da atividade física e a da alimentação, como, por exemplo, associar que as atividades do topo devem ser feitas com menos frequência do que as que estão na base, assim como os alimentos do topo da pirâmide alimentar devem ser menos consumidos do que os que aparecem na base. Em muitas turmas, esse aspecto foi observado pelos escolares antes dos petianos mencionarem esta semelhança entre as pirâmides.

No segundo momento, fase de construção dos cartazes com a pirâmide da atividade física, os escolares do 1º e 2º ano tiveram dúvidas e, a todo momento, precisavam consultar as imagens da pirâmide expostas no pôster, além de serem auxiliados individualmente pelos petianos. Os escolares de 3º, 4º e 5º ano, de modo geral, foram bastante seguros do que estavam fazendo e poucas vezes precisaram ser auxiliados e/ou corrigidos enquanto construíam a pirâmide.

Em relação ao terceiro momento, os escolares participaram de várias brincadeiras, como cabo de guerra, variações de pega-pega e pular corda. Os petianos utilizaram as brincadeiras para revisar o que foi trabalhado com os escolares em sala, isto é, destacando o nível da pirâmide a que cada brincadeira pertencia e qual delas exigia mais força, mais flexibilidade, mais aptidão aeróbia, entre outras. Esse momento foi marcado pelo grande entusiasmo dos escolares, que se divertiram ao revisar o conteúdo trabalhado. Cabe ressaltar que, em algumas escolas, esse momento foi um tanto conturbado, em virtude da agitação excessiva de alguns escolares.

Em geral, os pontos negativos notados foram a dificuldade dos escolares de 1º e 2º ano em compreender/processar o conteúdo durante a explicação, mas que podem ser sanados com o acompanhamento individualizado, e, em algumas escolas, a agitação excessiva de alguns escolares no terceiro momento. Apesar de a agitação ter sido contida com o auxílio das professoras regentes de classe, é imprescindível que algumas estratégias sejam adotadas pelos petianos, como, por exemplo, fazer acordos com os escolares antes de iniciar a parte prática da oficina.

Outro ponto negativo observado foi a falta de espaço físico adequado para a realização das atividades práticas. Foi necessário o uso de pátios e terrenos irregulares e com pedregulhos para concretizar o plano de trabalho. Nesse contexto, Anísio Teixeira já se preocupava com uma escola que tivesse o espaço exclusivo para se educar, dizendo que "sem instalações adequadas não poderia haver trabalho educativo" (p. 172).[22]

No entanto, infelizmente, espaço físico adequado para o processo educativo, em especial de práticas corporais, ainda não é uma realidade do ambiente escolar de grande parte das escolas brasileiras. Nesse sentido, os petianos buscaram espaços alternativos da escola, utilizando-os de forma criativa.

Os pontos positivos em relação à aplicação do plano de trabalho sobre a *Pirâmide da Atividade Física* que merecem destaque são: a disposição dos escolares de 3º, 4º e 5º ano em aprender o conteúdo; a maior aproximação com os escolares de 1º e 2º ano no momento de construção dos cartazes, que possibilitou o esclarecimento das dúvidas suscitadas no primeiro momento, rendendo bons resultados; a receptividade da comunidade escolar e, em especial, dos escolares; e a eficácia do terceiro momento, que proporcionou o *feedback* da aprendizagem do conteúdo.

Pode-se concluir que a intervenção foi eficaz no cumprimento de seu objetivo, tendo colaborado para o maior entendimento dos escolares sobre a pirâmide da atividade física. A oficina também foi eficaz para que os escolares adquirissem conhecimentos sobre os benefícios que cada tipo de atividade física pode proporcionar.

Referências

1. Florindo AA, Hallal PC. Epidemiologia da Atividade Física. São Paulo: Atheneu; 2011.

2. Schramm JMA, Oliveira AF, Leite IC, Valente JG, Gadelha AMJ, Portela MC, et al. Transição epidemiológica e o estudo de carga de doença no Brasil. Ciênc Saúde Coletiva. 2004;9(4):897-908.

3. Pitanga FJG. Epidemiologia, atividade física e saúde. Rev Bras Ci e Movim. 2002;10(3):49-54.

4. World Health Organization. Global health risks: mortality and burden of disease attributable to selected major risks. Genebra: WHO; 2009.

5. Alwan A, MacLean D, Riley LM, D'Espaignet ET, Mathers CD, Steven GA, et al. Monitoring and surveillance of chronic non-communicable diseases: progress and capacity in high-burden countries. Lancet. 2010;376(9755):1861-8.

6. Schmidt MI, Ducan BB, Silva GA, Menezes AM, Monteiro CA, Barreto SM, et al. Chronic non-communicable diseases in Brazil: burden and current challenges. Lancet. 2011;377(9781):1946-61.

7. Venâncio PEM, Texeira CGO, Silva FM. Excesso de peso, nível de atividade física e hábitos alimentares em escolares da cidade de Anápolis-GO. Rev Bras Ciênc Esporte. 2013;35(2):441-53.

8. Marani F, Oliveira ARD, Guedes DP. Indicadores comportamentais associados à prática de atividade física e saúde em escolares do ensino médio. Rev Bras Ci e Mov. 2007;15(2):39-46.

9. Pellanda LC, Echenique L, Barcellos LMA, Maccari J, Borges, FK, Zen BL. Doença cardíaca isquêmica: a prevenção inicia durante a infância. J Pediatr. 2002;78(2):91-6.

10. Guedes NG, Moreira RP, Cavalcante TF, Araujo TL, Ximenes LB. Atividade física em escolares: análise segundo o modelo teórico de promoção da saúde de Pender. Rev Esc Enferm USP. 2009;43(4):774-80.

11. Rivera IR, Silva MAM, Silva RDTA, Oliveira BAV, Carvalho ACC. Atividade Física, horas de assistência à TV e composição corporal em crianças e adolescentes. Arq Bras Cardiol. 2010;95(2):150-65.

12. Pompílio RGS. Perfil sociodemográfico, comportamento sedentário e nível de atividade física em adolescentes escolares. Saúde e Pesqui. 2013;6(2):249-55.

13. Silva DA, Tremblay MS, Gonçalves EC, Silva RJ. Television time among Brazilian adolescents: correlated factors are different between boys and girls. Scientific World J. 2014;2014:794539.

14. Pate RR, Saunders RP, O'Neil J, Dowda M. Overcoming barriers to physical activity: helping youth be more active. ACSMS Health Fit J. 2011;15(1):7-12.

15. World Health Organization (WHO). Prevalence of overweight and obesity in children and adolescents. Genebra: WHO; 2009.

16. Hallal PC, Bertoldi AD, Golçalves H, Victoria CG. Prevalência de sedentarismo e fatores associados em adolescente de 10-12 anos de idade. Cad Saúde Pública. 2006;22(6):1277-87.

17. Barufaldi LA, Abreu GA, Coutinho ESF, Bloch KV. Meta-analysis of the prevalence of physical inactivity among Brazilian adolescents. Cad Saúde Pública. 2012;28(6):1019-32.

18. Vasconcellos M B, Anjos LA, Vasconcellos MTL. Estado nutricional e tempo de tela de escolares da rede pública de ensino fundamental de Niterói, Rio de Janeiro, Brasil. Cad Saúde Pública. 2013;29(4):713-22.

19. American College of Sports Medicine. Prescrição do Exercício para Populações Sadias e Considerações Especiais. In: American College of Sports Medicine. Diretrizes do ACSM para os Testes de Esforço e sua Prescrição. 9. ed. Rio de Janeiro: Guanabara Koogan; 2010.

20. American Academy of Pediatrics. Committee on Public Education. American Academy of Pediatrics: children, adolescents, and television. Pediatrics. 2001;107(2):423-6.

21. Barbosa RMS, Salles-Costa R, Soares EA. Guias alimentares para crianças: aspectos históricos e evolução. Rev Nutr. 2006;19(2):255-63.

22. Dórea CRD. Anísio Teixeira e a arquitetura escolar: planejando escolas, construindo sonhos. Rev FAEEBA. 2000;13:151-60.

6

Doenças crônicas não transmissíveis: obesidade

Thalita Brandão Silva Teixeira
Aline dos Santos Rocha
Ellen Galvão Pereira
Érika Karine Almeida Nogueira
Jociéli Moura dos Santos Braga
Tarcísio Silva Santos
Teresa Maria Bianchini de Quadros
Alex Pinheiro Gordia

As doenças crônicas não transmissíveis (DCNTs) representam um problema de saúde pública mundial. No Brasil, as DCNTs são responsáveis por 72% das causas de morte.[1] A obesidade é uma das DCNTs de maior ascensão,[2,3] sendo considerada multifatorial, pois envolve fatores genéticos, ambientais e comportamentais.

Sabe-se que a inatividade física e a alimentação inadequada constituem os principais fatores de risco para o surgimento da obesidade.[2,4,5] Caracterizada pelo acúmulo excessivo de gordura corporal, a obesidade apresenta diversos danos à saúde, como dificuldade respiratória, problemas dermatológicos, distúrbios do aparelho locomotor, dislipidemias, doenças cardiovasculares, diabetes tipo II e certos tipos de câncer.[6,7]

A prevalência da obesidade infantil vem crescendo mundialmente nas últimas décadas, desencadeando graves repercussões na saúde dessa população.[8-10] Segundo a Organização Mundial de Saúde (OMS),[11] 6,6% das crianças no mundo estão acima do peso. No Brasil, o número de crianças menores de cinco anos com sobrepeso chega a 7,3%.[11] A infância é o momento ideal para prevenir a obesidade e promover saúde, pois os hábitos adquiridos precocemente tendem a permanecer na vida adulta, sendo fundamental a adoção de um estilo de vida ativo e hábitos alimentares saudáveis quando criança.[2,12,13]

Uma vez que a obesidade, em última instância, decorre de uma ingestão calórica cronicamente maior do que o gasto energético, todas as intervenções em nível individual visam alcançar um balanço energético negativo, por meio da diminuição da energia ingerida e/ou do aumento do gasto energético.[14] Dessa forma, a prática de exercício físico é útil para a manutenção desse balanço, já que induz a adaptações favoráveis na quantidade de massa muscular e na composição corporal, por meio da redução da quantidade de gordura enquanto preserva ou aumenta a massa magra.[15]

Poeta et al.[16] analisaram os efeitos de um programa de exercício feito com base em atividades lúdicas e orientação nutricional, na composição corporal e no desempenho em testes de aptidão física de 44 crianças obesas. Após a intervenção, os autores observaram redução da gordura corporal e aumento no nível de aptidão física dos participantes.[16] Outros achados também demonstraram a efetividade de programas de intervenção interdisciplinar na promoção da saúde e a melhora da qualidade de vida de escolares, constituindo-se como uma ferramenta fundamental no tratamento e na prevenção da obesidade.[4,7]

Diante do exposto, considera-se essencial desenvolver ações que abordem as DCNTs, com destaque à obesidade. Os desafios estão em proporcionar o aumento do gasto energético por meio da prática de atividades físicas, da inclusão de alimentos saudáveis na dieta em detrimento dos não saudáveis e da capacidade de proporcionar a crianças e adolescentes o aprendizado sobre o tema de forma simples, lúdica e objetiva.

Plano de trabalho

Este plano de trabalho foi elaborado para ser aplicado em escolas do Ensino Fundamental I. O tema proposto foi *Doenças crônicas não transmissíveis: obesidade*. O tempo estimado para a realização do plano de trabalho foi de cerca de 60 minutos para turmas de até 30 escolares cada.

Objetivo geral

- Trabalhar a prevenção da obesidade, promovendo hábitos saudáveis.

Objetivos específicos

- Explicar e exemplificar os fatores que podem levar à obesidade.
- Exemplificar as complicações derivadas da obesidade.
- Enfatizar a importância do exercício físico e da alimentação saudável no tratamento e na prevenção da obesidade.

Procedimentos didático-metodológicos

- Explicação oral das atividades.
- Experimentação do jogo da memória *Saúde irada*.
- Discussão do tema em grupo.
- Avaliação do interesse, da participação e da compreensão dos escolares pelo tema abordado pelos petianos, por meio de observação e de conversa com os escolares durante as atividades desenvolvidas.

Recursos materiais

- Cartaz sobre ingestão alimentar e gasto energético (Figura 6.1);
- 3 jogos da memória com figuras de alimentos saudáveis, alimentos não saudáveis, atividades físicas e comportamento sedentário (Figura 6.2);
- 2 caixas de papel em cores distintas;
- 1 placa com a indicação "Hábitos saudáveis";
- 1 placa com a indicação "Hábitos não saudáveis".

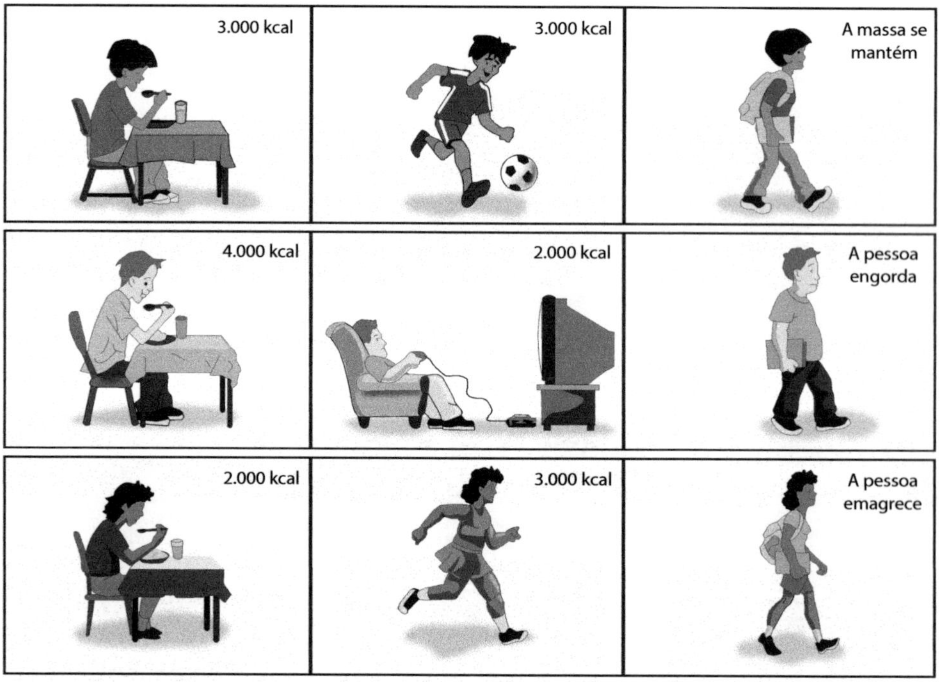

Figura 6.1 – Relação entre ingestão alimentar e gasto energético.

Figura 6.2 – Jogo da memória.

Atividades

Sugere-se que a oficina seja realizada em três momentos.

Primeiro momento

Compreende uma pequena discussão teórica sobre o tema *Obesidade*. Perguntas como as seguintes devem ser dirigidas aos escolares:

- O que é obesidade?
- Quais são as causas da obesidade?
- Quais os benefícios da atividade física e da alimentação saudável no combate e na prevenção da obesidade?

Segundo momento

O objetivo desse momento é tornar compreensível aos escolares a relação existente entre a ingestão alimentar e o gasto energético na manutenção, na redução e no ganho de peso corporal. Com esse intuito, foram usados o cartaz da Figura 6.1 e uma peça teatral.

Na peça teatral, devem ser encenadas algumas situações envolvendo a ingestão de alimentos saudáveis e não saudáveis e a prática de atividades físicas ou de comportamento sedentário, com o auxílio de réplicas de alimentos (coxinha, ovo frito, maçã e biscoito recheado), uma corda e um *videogame*.

Na primeira cena, um petiano é encarregado de simular uma refeição e, logo depois, brincar de pular corda. Para a segunda cena, os petianos convidam algum escolar que queira participar, simulando ficar, após a refeição, uma tarde inteira jogando *videogame*. Além dessas, outras situações podem ser representadas, de acordo com o interesse e a criatividade dos escolares participantes. Diante das cenas anteriores, os petianos devem questionar aos escolares o que ocorre em cada uma dessas situações em relação à composição corporal do indivíduo.

Terceiro momento

Os escolares participam de um jogo da memória denominado *Saúde irada*. Nesse momento, os petianos podem avaliar o quanto os escolares apropriaram-se do conteúdo abordado.

A classe deve ser dividida em grupos de 8 a 12 escolares. Cada grupo recebe um jogo da memória. O jogo conta com 80 cartas que indicam alimentos saudáveis e não saudáveis, atividades físicas e comportamento sedentário; 10 cartas coringas que tratam da ingestão alimentar e do gasto energético; 1 caixa representando hábitos saudáveis e outra representando hábitos não saudáveis. O jogo consiste em achar os pares das cartas.

Cada escolar tem uma vez para jogar, ou seja, para desvirar as cartas. Quando o escolar encontrar um par de cartas, tem mais uma chance de jogar; quando isso não ocorre, passa-se a vez para o próximo colega.

As cartas coringas não têm pares. Quando o escolar encontrar uma delas, deve falar para os colegas da classe o que aprendeu até o momento sobre alimentação saudável, atividade física e obesidade. Em seguida, o escolar continua jogando.

As caixas que representam hábitos saudáveis e não saudáveis devem ser de cores distintas. Cada uma contém uma placa informativa indicando *hábitos saudáveis* e *hábitos não saudáveis*. À medida que os escolares encontram os pares das cartas, devem escolher uma das caixas para colocá-las e, ao final, iniciar uma discussão sobre o motivo pelo qual colocaram as cartas em cada uma das caixas. As caixas servem para identificar se os escolares realmente compreenderam a mensagem da oficina.

Após o desenvolvimento do plano de trabalho, em cada sala deve ser solicitado aos escolares que copiem atividades para serem feitas em casa, que são específicas por série:

- *Escolares de 1º e 2º ano*: recortar de revistas, jornais e/ou livros figuras relacionadas aos hábitos de vida que podem contribuir para o surgimento da obesidade. O objetivo principal é verificar se os escolares compreenderam quais hábitos de vida podem levar à obesidade.

- *Escolares de 3º, 4º e 5º ano*: relatar, por meio da escrita, a relação entre ingestão alimentar e gasto energético que chega mais perto de sua realidade (o que come e a quantidade; se realiza algum tipo de atividade física e quantos minutos por dia; quanto tempo passa assistindo TV). O principal objetivo é analisar a relação entre o consumo alimentar e o gasto energético dos escolares, assim como avaliar se os escolares compreenderam essa relação com o surgimento da obesidade.

Com o intuito de contribuir para a continuidade do trabalho desenvolvido pelo programa PET-Saúde, ao final da oficina os petianos disponibilizam para as professoras atividades extras sobre o tema abordado, que podem ser observadas na seção a seguir.

Atividades complementares

SÉRIE: 1º e 2º ANO

Nome: ____

Agora que você já aprendeu sobre as consequências da má alimentação e sobre o controle da obesidade, capriche:

1) Pinte os alimentos que podem ocasionar a obesidade (ALIMENTOS NÃO SAUDÁVEIS).

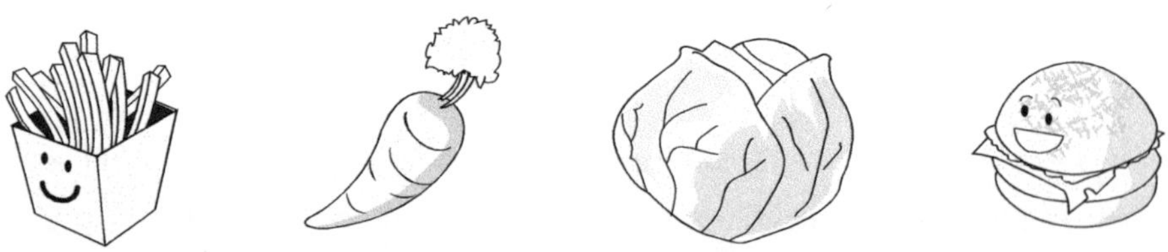

2) Pinte a sequência de quadrinhos que representa a melhor relação entre ingestão alimentar e gasto energético, para que uma pessoa não se torne obesa:

3) Circule as atividades que podem levar uma pessoa a desenvolver a obesidade:

SÉRIE: 3º ANO

Nome:____

1) Desenhe no espaço abaixo hábitos alimentares que podem levar à obesidade e que você costuma realizar com frequência.

2) Conduza a criança obesa para a atividade física.

SÉRIE: 4º e 5º ANO

Nome: ____

1) Quais alimentos ricos em gordura podem causar a obesidade?

____

____

____

____

2) O que é necessário fazer para evitar o surgimento da obesidade além de adotar uma alimentação saudável?

____

____

____

____

3) Assinale a alternativa em que *todas* as atividades físicas ajudam no combate ou na prevenção à obesidade:

a) Assistir televisão por mais de 2 horas todos os dias, jogar bola, pular corda.
b) Ajudar nos afazeres da casa, brincar de pega-pega, subir em árvores, brincar de balanço, praticar algum esporte.
c) Passear com o cachorro, ficar a maior parte do dia deitado, brincar de bolinhas de gude, brincar de amarelinha.
d) Jogar *videogame* por mais de 1 hora todos os dias, ajudar nos afazeres de casa, pular corda.
e) Praticar algum esporte, passear com o cachorro, ajudar nos afazeres da casa, jogar no computador mais de 2 horas por dia.

Aplicação do plano: sucessos, fracassos e reflexões

Observando os relatos da realização dessa oficina nas escolas, foi notória a satisfação dos petianos com o resultado. Em geral, os objetivos propostos foram alcançados, o que demonstra a efetividade dessa ação simples e de baixo custo na saúde e na qualidade de vida dos escolares. Nesse sentido, acredita-se que a importância do presente trabalho nas escolas foi confirmada e que ações como essa são possíveis de serem concretizadas, desde que haja dedicação e criatividade da equipe.

Ao iniciar a oficina, os escolares foram questionados a respeito do tema trabalhado. Os petianos foram surpreendidos pelo evidente conhecimento prévio dos escolares sobre o tema, por meio de falas como: "*Doces, refrigerante e frituras fazem mal à saúde e engordam*", "*Comer muito e não brincar engorda*", "*Para emagrecer, é bom brincar, comer frutas e verduras*", "*Assistir muita TV faz mal*". Por meio desses comentários, os escolares demonstraram compreender a importância da alimentação saudável e atividade física no combate e na prevenção à obesidade.

Pela observação e pela análise dos relatos dos escolares, pôde-se perceber que os escolares eram, em sua maioria, ativos. Além disso, que reconhecem os benefícios da prática de atividades físicas e as realizam no lazer, durante o recreio escolar, como deslocamento, entre outros. Os escolares relataram contribuir com os pais nas atividades diárias, em casa e/ou nas atividades agrícolas e que compreendem essas atividades como atividades físicas. Em contrapartida, o comportamento sedentário também faz parte da rotina dos escolares, em que o hábito de assistir TV é unânime, e a recomendação de assistir no máximo duas horas por dia[17] é ultrapassada pela maioria, sobretudo nos fins de semana.

O jogo da memória *Saúde irada* foi o momento mais esperado e apreciado pelos escolares. Pôde-se perceber que as atividades nas quais as crianças participavam ativamente, como o jogo da memória, foram as que proporcionaram maior compreensão do conteúdo trabalhado. Os escolares realizaram as atividades com muita facilidade, o que demonstra que o principal objetivo da oficina foi atingido: a compreensão da obesidade e suas consequências.

O envolvimento dos escolares nesse tipo de atividade é o que mais chamou a atenção dos petianos. Como havia várias figuras para cada equipe, todos puderam participar da atividade. Durante o jogo, reafirmou-se a ideia de que os alunos têm consciência do que são hábitos saudáveis e não saudáveis, embora suas preferências ainda sejam voltadas para os hábitos inadequados, sobretudo em relação aos hábitos alimentares. Isso foi confirmado por meio das falas dos alunos, que conduziram as figuras de hábitos alimentares não saudáveis para a caixinha correspondente, relatando que sabiam dos prejuízos causados por eles, mas que não deixariam de consumi-los.

O maior desafio encontrado pelos petianos durante a realização dessa oficina foi lidar com o preconceito dos escolares em relação aos colegas com sobrepeso ou obesidade, o que demandou cuidado dos petianos com os termos e exemplos utilizados durante a oficina. Algumas posturas preconceituosas foram observadas pelos petianos, que procuraram intervir, dialogando e evitando maiores constrangimentos. Em razão da complexidade e da delicadeza do tema, o assunto abordado requer muita leitura, estudo prévio, sensibilidade, senso crítico e prudência.

Com relação aos aspectos positivos, destacam-se o fácil entendimento dos escolares pelo tema proposto; a compreensão das consequências da obesidade; a compreensão da relação entre ingestão alimentar e gasto energético; a participação e a contribuição dos escolares nas atividades realizadas; o auxílio das professoras regentes de classe durante as oficinas.

Quanto aos aspectos negativos, destacam-se o constrangimento de alguns escolares sobre o tema discutido; o desrespeito de alguns escolares em relação aos colegas com sobrepeso ou obesidade; a insistência de alguns escolares que, mesmo estando cientes dos riscos da obesidade, alegavam que não iriam mudar seus hábitos.

Essa oficina confirma a importância da escola como porta de entrada para a promoção da saúde e a prevenção da obesidade, pois esse é o local onde as informações estão mais acessíveis às crianças e aos adolescentes. Portanto, a escola deve promover ações de prevenção à obesidade por meio de atividades interdisciplinares com foco na promoção da saúde, estimulando a prática de atividades físicas regulares e a melhora dos hábitos alimentares, dentro e fora do ambiente escolar.

Referências

1. Schmidt MI, Ducan BB, Silva GA, Menezes AM, Monteiro CA, Barreto SM, et al. Chronic non-communicable diseases in Brazil: burden and current challenges. Lancet. 2011;377(9781):1946-61.

2. Duncan BB, Chor D, Aquino EML, Bensenor IM, Mill JG, Schmidt MI, et al. Doenças crônicas não transmissíveis no Brasil: prioridade para enfrentamento e investigação. Rev Saúde Pública. 2012;46(1):126-34.

3. Mariath AB, Grillo LP, Silva RO, Schmitz P, Campos IC, Medina JRP, et al. Obesidade e fatores de risco para o desenvolvimento de doenças crônicas não transmissíveis entre usuários de unidade de alimentação e nutrição. Cad Saúde Pública. 2007;23(4):897-905.

4. Friedrich RR, Schuch I, Wagner MB. Efeito de intervenções sobre o índice de massa corporal em escolares. Rev Saúde Pública. 2012;46(3):551-60.

5. Matsudo VKR, Matsudo SMM. Atividade física no tratamento da obesidade. Einstein (São Paulo). 2006;4(supl 1):29-43.

6. Moreira NF, Muraro AP, Brito FSB, Gonçalves-Silva RMV, Sichieri R, Ferreira MG. Obesidade: principal fator de risco para hipertensão arterial sistêmica em adolescentes brasileiros participantes de um estudo de coorte. Arq Bras Endocrinol Metabol. 2013;57(7):520-6.

7. Poeta LS, Duarte MFS, Giuliano ICB, Mota J. Intervenção interdisciplinar em crianças obesas e o impacto na saúde e qualidade de vida. J Pediatr. 2013;89(5):499-504.

8. Schmitz BAS, Recine E, Cardoso GT, Silva JRM, Amorim NFA, Bernardon R, et al. A escola promovendo hábitos alimentares saudáveis: uma proposta metodológica de capacitação para educadores e donos de cantina escolar. Cad Saúde Pública. 2008;24(supl 2):312-22.

9. Oliveira CL, Fisberg M. Obesidade na infância e adolescência: uma verdadeira epidemia. Arq Bras Endocrinol Metab. 2003;47(2):107-8.

10. Miranda AANN, Navarro F. A prevenção e o tratamento da obesidade durante a infância: uma opção eficaz para reduzir a prevalência desta patologia. RBONE. 2008;2(10):313-23.

11. Organização Mundial da Saúde (OMS). Estadísticas Sanitarias Mundiales 2013. Genebra: OMS; 2013.

12. Costa FF, Assis MAA, Leal DB, Campos VC, Kupek E, Conde WL. Mudanças no consumo alimentar e atividade física de escolares de Florianópolis, SC, 2002-2007. Rev Saúde Pública. 2012;46(supl 1):117-25.

13. Costa FF, Assis MAA. Nível de atividade física e comportamentos sedentários de escolares de sete a dez anos de Florianópolis-SC. Rev Bras Ativ Fís Saúde. 2011;16(1):48-54.

14. Ribeiro EAGG. Atividade física e obesidade. In: Del Duca GF, Nahas MV, editores. Atividade física e doenças crônicas: evidências e recomendações para um estilo de vida ativo. Londrina: Midiograf; 2011.

15. Alves LR, Eskelsen MW, Sant"Ana J, Pereira MA. Efeito da dieta e atividade física personalizada na composição corporal em mulheres. Rev Bras Nutr Esportiva. 2013;7(41):263-8.

16. Poeta LS, Duarte MFS, Giuliano ICB, Farias Junior JC. Intervenção interdisciplinar na composição corporal e em testes de aptidão física de crianças obesas. Rev Bras Cineantropom Desempenho Hum. 2012;14(2):134-43.

17. American Academy of Pediatrics. Committee on Public Education. American Academy of Pediatrics: Children, adolescents, and television. Pediatrics 2001;107(2):423-6.

7

Doenças crônicas não transmissíveis: hipertensão arterial sistêmica

Érika Karine Almeida Nogueira
Tarcísio Silva Santos
Thalita Brandão Silva Teixeira
Liliana Cardoso dos Santos Souza
Alex Pinheiro Gordia
Teresa Maria Bianchini de Quadros

De acordo com Nieman,[1] o sangue é transportado do coração para todos os tecidos e órgãos do corpo pelos vasos sanguíneos. A pressão arterial (PA) é a força do sangue contra a parede desses vasos. No corpo humano, há uma variação contínua da PA, batimento a batimento, que se modifica de acordo com as atividades cotidianas do indivíduo.[2] O aumento dos níveis pressóricos está relacionado ao estilo de vida, fatores demográficos[3] e alterações funcionais, metabólicas ou estruturais de determinados órgãos do corpo humano.[4] A elevação progressiva e persistente da PA pode evoluir para uma patologia denominada hipertensão arterial sistêmica (HAS).

A HAS é uma condição clínica multifatorial, caracterizada por níveis elevados e sustentados da PA iguais ou acima de 140/90 mmHg,[4] é responsável por metade das mortes por acidente vascular cerebral (AVC) e doenças cardíacas no mundo.[5] No Brasil, a prevalência de HAS varia de 26,6% a 39,4% entre adultos.[6] Além da alta prevalência entre adultos, estudos já demonstram a incidência de HAS e níveis elevados de PA entre escolares de diferentes regiões do Brasil.[7-9] No Nordeste brasileiro, achados indicam que o percentual de escolares entre 6 e 17 anos que têm elevação nos níveis de PA varia de 4,8% a 25,2%,[3,9-11] podendo haver diferenças entre os sexos.[9] Esses achados sugerem maior cuidado com a saúde nesta faixa etária, já que a presença de disfunções metabólicas na infância e na adolescência aumenta o risco para morbimortalidade precoce na vida adulta.[12-14]

Mudanças de estilo de vida reduzem a PA e, consequentemente, o risco de mortalidade cardiovascular.[15] Assim, é fundamental que hábitos saudáveis sejam adotados desde a infância e a adolescência.[4] Programas de intervenção realizados em âmbito escolar têm demonstrado que esse é um cenário estratégico para a promoção da saúde e melhora da qualidade de vida.[16] A escola caracteriza-se como um importante local para a realização de ações que aliem saúde e educação.[17,18] Estudos têm demonstrado a efetividade de programas de educação em saúde realizados com escolares, baseados na atividade física, na orientação nutricional, na redução de valores pressóricos e na prevenção de doenças crônicas como a HAS.[16,19] Dessa maneira, trabalhar a promoção da saúde no ambiente escolar, com foco nas doenças crônicas, é essencial para promover a adoção de hábitos saudáveis entre os escolares, visando à prevenção da HAS.

Plano de trabalho

O plano de trabalho sobre *Doenças crônicas não transmissíveis: hipertensão arterial sistêmica* foi elaborado para ser aplicado no Ensino Fundamental I, com turmas de até 30 escolares e duração aproximada de 60 minutos. O plano pode ser útil para proporcionar o entendimento sobre a HAS, bem como esclarecer formas de prevenção e de controle dessa patologia.

Objetivo geral

- Trabalhar a prevenção e controle da HAS com base na adoção de hábitos mais saudáveis.

Objetivos específicos

- Permitir a compreensão dos escolares sobre o que é a HAS (causas, sintomas e importância da prevenção e do controle).
- Demonstrar aos escolares a relevância do exercício físico e da adoção de hábitos alimentares saudáveis como fatores essenciais para a prevenção e controle da HAS.
- Estimular a interação entre os escolares, permitindo a reflexão sobre os fatores relacionados à HAS.

Procedimentos didático-metodológicos

- Explicação do conteúdo, de forma lúdica, por meio de encenações.
- Discussão sobre o tema, por meio de perguntas norteadoras feitas ao grupo de escolares.
- Apresentação e execução de uma peça teatral.
- Avaliação coletiva da atividade, por meio de conversa com os escolares.

Recursos materiais

- 2 metros de tecido TNT, nas cores amarelo e vermelho, para simular a gordura e o sangue;
- cartolina vermelha (1 no formato de coração e 1 no formato de boca);

- 16 placas de cartolina com figuras: 8 de hábitos saudáveis e 8 de hábitos não saudáveis;
- 1 rolo de barbante para pendurar as figuras nos escolares.

Atividades

Sugere-se que a oficina seja dividida em dois momentos.

Primeiro momento

Deve-se apresentar o conteúdo, por meio de uma conversa em que perguntas norteadoras (O que é HAS? O que ocasiona a HAS? Quais os sintomas da HAS? Como prevenir e controlar a HAS?) podem iniciar a discussão sobre o tema. Ao iniciar a explicação, deve-se usar uma linguagem baseada em expressões de sentido figurado e analogias, visando proporcionar um melhor entendimento por parte dos escolares.

Seguem algumas das analogias utilizadas para explicar o processo de obstrução dos vasos sanguíneos e o seu papel no aumento da PA.

> *Os vasos sanguíneos foram comparados a uma mangueira de jardim.*
>
> A água que perpassava a mangueira era o "sangue" e a mangueira representava os "vasos sanguíneos".

> *Demonstrou-se uma artéria obstruída usando um balão de soprar.*
>
> Ao soprar o balão de modo que ele enchesse normalmente, simulou-se um vaso sanguíneo saudável, em que o ar, que representava o sangue, circulava livremente. Em seguida, soprou-se o balão tendo pressionado uma parte dele para que o ar não conseguisse passar, simulando um vaso sanguíneo não saudável, em que a pressão deveria ser maior para "empurrar o sangue" (representado pelo ar).

Comparou-se uma torneira a um coração e a tubulação a vasos sanguíneos. A água que saía do "coração" (torneira) representou o "sangue". Desse modo, o "sangue" (água) era impulsionado pelo "coração" (torneira), para que transitasse pelos vasos sanguíneos (tubulação) por todo o corpo, o que facilitou a explicação sobre a função do coração e dos vasos sanguíneos.

Em uma área externa da escola, simulou-se um vaso obstruído pela gordura. Solicitou-se a alguns meninos que formassem duas fileiras, deixando um espaço largo entre eles (representando os vasos sanguíneos) e às meninas (que interpretavam o sangue) que passassem entre eles; depois, outros meninos (que representavam as gorduras) foram colocados nesse espaço, de modo que obstruíssem a passagem das meninas, até que todos percebessem o quão difícil havia se tornado o trânsito. Associou-se essa situação à gordura acumulada nos vasos e à dificuldade de circulação do sangue. O "sangue" tinha pouco espaço para transitar, em razão da presença da "gordura", o que aumentou a pressão sobre o "endotélio vascular", resultando no aumento da pressão intravascular.

Na sequência do plano, solicitou-se um escolar voluntário para ter sua PA mensurada, com o intuito de esclarecer a diferença entre pressão sistólica e diastólica, além de informar para os escolares os valores considerados normais para a PA. Para a mensuração, sugere-se que seja utilizado um monitor de PA digital automático, para facilitar a leitura e a interpretação do resultado e, consequentemente, a compreensão dos escolares. Contudo, outros tipos de aparelhos (semiautomáticos ou analógicos e manuais) também podem ser utilizados. Se houver tempo suficiente, recomenda-se que a PA de todos os escolares seja mensurada.

Segundo momento

Os escolares, juntamente com os professores, devem ser separados em grupos para realizar uma peça teatral. A peça é composta pelos personagens: boca (Figura 7.1), coração (Figura 7.2), sangue e gordura. São necessárias, também, 16 placas (todas feitas de cartolina com figuras coladas): oito placas são divididas igualmente em hábitos alimentares saudáveis e comportamentos fisicamente ativos, e outras oito são divididas igualmente em hábitos alimentares não saudáveis e comportamentos sedentários. As placas devem ser penduradas no pescoço dos escolares por cordões (Figura 7.3). Sugere-se que as demais turmas da escola possam assistir à apresentação da peça.

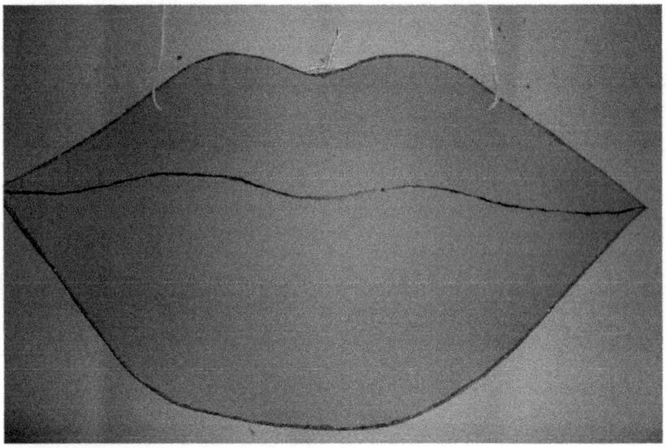

Figura 7.1 – Boca.

Figura 7.2 – Coração.

Figura 7.3 – Placas para o teatro.

Os escolares com as placas de hábitos não saudáveis devem entrar, um por vez, e convencer a "boca" a aceitá-los. Após esse momento, entram em cena os hábitos saudáveis, que devem se portar do mesmo modo, tentando convencer a boca a aceitá-los.

A ideia principal é que, durante a peça, seja simulada a aceitação dos hábitos pouco saudáveis e a rejeição dos saudáveis, o que ocasionará riscos à saúde do "coração", e o deixará triste. Diante disso, os escolares devem incentivar a boca a aceitar uma alimentação saudável e a prática de atividades físicas, tornando o coração feliz e saudável novamente. A "boca" será a responsável pelas escolhas à medida que cada personagem entra em cena.

Sugere-se o seguinte roteiro para a realização da peça:

NARRADOR: Era uma vez uma boca que comia de tudo, menos frutas, verduras e outros alimentos saudáveis! Ela estava mais interessada em salgadinhos, biscoitos e refrigerantes. Além disso, o dono dessa boca era um grande preguiçoso! Não brincava fora de casa, não corria, não pulava corda, nem andava de bicicleta!

[Nesse momento, entram os personagens "boca" e "coração". O coração deve entrar tristonho.]

BOCA: Oi, pessoal! Eu não gosto de frutas mesmo! Por que comer o que eu não gosto? Também não gosto de brincar de corrida, de andar de bicicleta, de jogar bola... Cansa muito e a gente fica suado. O que eu gosto mesmo é de jogar *videogame* e de assistir televisão!

[A partir deste momento, os personagens que representam os alimentos pouco saudáveis e os comportamentos sedentários devem entrar em cena, um por vez. Cada um dos escolares com a plaquinha no pescoço terá o papel de convencer a boca a aceitá-los, utilizando-se de argumentos próprios:]

– Dona boca, você precisa me aceitar, porque, assim, não vai ficar cansada nunca! Pense como é bom passar uma tarde inteirinha comendo pipoca na frente da TV!

– *Dona boca, se você me aceitar, vai se deliciar com muitos doces, cheinhos de açúcar!*

[Em seguida, a boca perguntará para a plateia:]

– *É preguiçoso? Vou ficar o dia todo assistindo TV? Não vou precisar me exercitar?*

[Todos responderão:]

– *Nããão!*

[E, ao fazerem isso, estarão concordando que esses comportamentos serão mais cômodos. A boca decidirá:]

– *Então, eu aceito!*

[Em seguida, os demais escolares com as plaquinhas de alimentos pouco saudáveis devem argumentar, para que a boca os aceite, até que todos tenham entrado em cena e a boca os tenha aceitado.]

[Então, devem entrar em cena o "vaso sanguíneo" e a "gordura", e ambos devem colocar-se ao lado da "boca" e do "coração".]

NARRADOR: Dona gordura, o que você está fazendo ao lado do vaso sanguíneo e do coração?

GORDURA: Ah, você não sabe? Eu estou aqui para entupir os vasos sanguíneos e prejudicar o coração, porque a dona boca aceitou o estilo de vida sedentário e os alimentos que não são saudáveis!

NARRADOR: Então quer dizer que entupindo os vasos sanguíneos você quer deixar a pessoa com a pressão arterial elevada, com a possibilidade de ficar muito doente?

GORDURA: Isso mesmo!

BOCA: Ah... Eu não quero ficar muito doente, não...

NARRADOR: E, agora, pessoal? Quem pode ajudar a dona boca?

CORAÇÃO: Eu tenho uma ideia! E se a boca resolver aceitar fazer atividades físicas e melhorar sua alimentação?

VASO SANGUÍNEO: Ótima ideia, coração! Mas onde estão os alimentos saudáveis e o estilo de vida ativo?

[Nesse momento, devem entrar os escolares que representam os hábitos saudáveis e, da mesma forma que os hábitos pouco saudáveis, eles vão tentar convencer a boca a aceitá-los um por vez. A cada escolar que entrar com a plaquinha de hábitos saudáveis será dito um novo argumento, como, por exemplo:]

– Dona boca, eu sou a maçã! Se você me aceitar, terá bastante energia para brincar e se divertir com seus amigos. Além disso, não ficará doente, será bastante saudável!

[Ao ouvirem o argumento, todos que estão na plateia devem apoiar:]

– Aceita! Aceita! Aceita!

[A boca, então, deve aceitar todos os hábitos saudáveis e, em seguida, mandar embora os hábitos pouco saudáveis, que devem sair de cena vaiados pela plateia.]

NARRADOR: A dona boca ficou muito mais saudável, porque entendeu que, se praticar atividade física e adotar hábitos alimentares saudáveis, não vai ter hipertensão arterial sistêmica. Todos viveram saudáveis e felizes!

FIM

Após o desenvolvimento do plano de trabalho, em cada sala, deve ser solicitado aos escolares que copiem as atividades para serem feitas em casa. Escolares de 1º e 2º ano devem fazer um desenho de alguém (imaginário ou não) que tenha a HAS, escrevendo também o nome e a idade dessa pessoa. O objetivo dessa atividade é avaliar a percepção que as crianças têm sobre quem pode ser acometido por essa doença. Os escolares do 3º ano devem fazer quatro listas: uma de "alimentos para evitar" e outra de "alimentos para consumir"; uma de "atividades para evitar" e outra de "atividades para realizar", pensando na prevenção e no controle da HAS. O intuito dessa tarefa é observar se os escolares compreenderam que tipo de hábitos alimentares e estilo de vida devem ser adotados ou não para a prevenção e o controle da HAS. Os escolares de 4º e 5º ano devem fazer uma redação para explicar o que aprenderam sobre a HAS, com o intuito de observar o que foi apreendido e se ainda existem dúvidas sobre o conteúdo. Essas atividades devem ser corrigidas e discutidas no início da próxima oficina realizada pelo grupo PET-Saúde.

Além das atividades solicitadas aos escolares, são entregues às professoras regentes de classe atividades que podem ser utilizadas para abordar a temática da oficina em outro momento (*vide* essas atividades na seção a seguir). Assim, essas atividades servem como subsídio para que as professoras continuem trabalhando a promoção da saúde.

Atividades complementares

SÉRIE: $1^{\underline{o}}$ e $2^{\underline{o}}$ ANO

Nome: ____

1) Pinte as imagens de hábitos saudáveis eficazes na prevenção e no controle da hipertensão:

2) Circule os alimentos que apresentam elevada quantidade de sal:

3) Com a ajuda da sua professora, escreva o nome de duas atividades físicas que combatem a hipertensão.

4) Com a ajuda da sua professora, escreva o nome de dois alimentos que, se consumidos em excesso, podem causar hipertensão.

SÉRIE: 3º ANO

Nome: ____

1) Pinte as imagens de hábitos saudáveis eficazes na prevenção e no tratamento da hipertensão:

2) Circule os corações que considerar mais saudáveis:

3) Cite 3 alimentos que podem causar hipertensão.

4) A alimentação saudável e a prática de atividade física regular ajudam a prevenir a hipertensão. Quais são os alimentos saudáveis de que você mais gosta e quais as suas atividades físicas preferidas?

SÉRIE: 4º e 5º ANO

Nome: ____

1) Alice e Roberto são irmãos e crianças muito sedentárias. Eles não praticam nenhuma atividade física e quase nunca comem frutas ou verduras. Salgadinhos e frituras são seus lanches favoritos. Um dia, Alice passou mal, e sua mãe a levou para o posto de saúde. Chegando lá, o médico disse que a menina estava com a pressão alta, e que ela deveria mudar seus hábitos para não se tornar hipertensa.

   Para ajudar o doutor a explicar a Alice e Roberto o que é hipertensão, faça um breve texto explicando o que você aprendeu sobre essa doença, e o que devemos fazer para combatê-la.

Aplicação do plano: sucessos, fracassos e reflexões

A aplicação da oficina de HAS se deu por meio da explicação do tema, norteada por analogias, e findou-se na realização do teatro. O primeiro momento de explicação contou com encenações de situações relacionadas ao processo de obstrução dos vasos sanguíneos que facilitaram a compreensão dos escolares e os instigaram a participar da discussão, que foi relevante não apenas para observar o conhecimento prévio dos escolares sobre a temática, mas, também, para esclarecer dúvidas e conscientizá-los sobre os riscos relacionados a essa doença. Além disso, foi útil para esclarecer que a HAS também pode ser observada em crianças. Em meio à discussão do primeiro momento, os escolares citaram parentes e conhecidos que tinham a doença, embora a maioria não tenha identificado a doença antes de ser correlacionada ao termo "pressão alta".

Além das analogias, no momento da explicação, aproveitou-se para mensurar a PA de um dos escolares, o que ocasionou nos demais grande curiosidade e euforia, pois se encantaram com o aparelho. Alguns dos escolares se expressaram de forma interessante, com falas como: "*Será que vai doer?*"; "*Faz silêncio pra gente ouvir o barulhinho*".

Na analogia em que se comparou os vasos sanguíneos a uma mangueira, os escolares identificaram que uma mangueira com o fluxo comprometido não esguicha água adequadamente, sofrendo uma maior pressão. No exemplo do balão, uma das petianas o encheu até que ele estourasse. Ambas as demonstrações foram associadas a uma artéria obstruída, o que exige que o coração bombeie mais sangue numa maior velocidade.

Ao final da aplicação do plano, pôde-se constatar que as atividades realizadas obtiveram sucesso, de modo que, ao serem indagados sobre algumas questões conversadas na oficina, como, por exemplo, a prevenção da HAS, os escolares deram respostas como: "*É preciso reduzir o consumo de sal, de gordura e de açúcar, e praticar atividades físicas*". Os escolares demonstraram, sobretudo, compreender o conceito de HAS e suas causas. Em alguns casos, demonstraram-se convictos sobre os demais problemas de saúde que podem surgir dessa patologia.

Foi gratificante ver a vontade com a qual os escolares se envolviam nas interpretações, tanto do teatro quanto das explicações sobre o processo de obstrução dos vasos sanguíneos. Mesmo os escolares que se sentiram inibidos em participar da peça de teatro ou das demais encenações, se divertiram assistindo à apresentação dos colegas. Como ponto positivo, destaca-se o interesse da maioria dos escolares em participar das atividades. Além disso, a iniciativa de levar o aparelho para mensurar a PA dos escolares refletiu em uma maior motivação, por parte deles, em fazer perguntas e observações sobre o assunto.

Nas diferentes escolas, constataram-se dificuldades na aplicação da oficina, como, por exemplo, o fato de que alguns dos escolares, geralmente os mais velhos de 4º e 5º ano, tenham se demonstrado tímidos ou desinteressados em participar das encenações propostas. Outro ponto que pôde ser considerado como negativo foi o fato de que os escolares mais novos, em geral os do 1º ano, demonstraram dificuldade para compreender o assunto, especialmente em relação à compreensão sobre PA sistólica e diastólica. Verificou-se que os pontos mais bem compreendidos por esses escolares foram que a HAS é a mesma doença que popularmente denomina-se "pressão alta", e o fato de que o consumo elevado de sal, de gordura e de alimentos industrializados, associado à inatividade física, propicia o desenvolvimento da HAS.

A aplicação do plano em diferentes escolas demonstrou aos petianos que a prevenção de doenças crônicas pode ser realizada por meio de intervenções no ambiente escolar para alcançar os objetivos almejados, já que, apesar das dificuldades encontradas, o balanço final foi muito positivo. A oficina foi promissora e demonstrou a possibilidade de tratar da prevenção da HAS, de forma criativa e divertida. A realização de intervenções como essa se torna necessária para conscientizar os escolares, professores e demais integrantes da comunidade escolar sobre a importância da prática de atividades físicas e da alimentação saudável para a manutenção da saúde e a prevenção da HAS.

Referências

1. Nieman DC. Exercício e saúde: teste e prescrição de exercícios. 6. ed. Barueri: Manole; 2011.

2. Sociedade Brasileira de Hipertensão. Sociedade Brasileira de Cardiologia. Sociedade Brasileira de Nefrologia. V Diretrizes brasileiras de monitorização ambulatorial da pressão arterial (MAPA V) e III diretrizes brasileiras de monitorização residencial da pressão arterial (MRPA III). Arq Bras Cardiol. 2011;97(supl 3):1-24.

3. Pinto SL, Silva RDCR, Priore SE, Assis AMO, Pinto EJ. Prevalência de pré-hipertensão e de hipertensão arterial e avaliação de fatores associados em crianças e adolescentes de escolas públicas de Salvador, Bahia, Brasil. Cad Saúde Pública. 2011;27(6):1065-75.

4. Sociedade Brasileira de Cardiologia. VI Diretrizes Brasileira de Hipertensão. Arq Bras Cardiol. 2010;95(1):1-51.

5. Organização Mundial da Saúde (OMS). Estadísticas Sanitarias Mundiales 2012. Genebra: OMS; 2012.

6. Organização Mundial da Saúde (OMS). Estadísticas Sanitarias Mundiales 2013. Genebra: OMS; 2013.

7. Reuter EM, Reuter CP, Burgos LT, Reckziegel MB, Nedel FB, Albuquerque IMd, et al. Obesidade e hipertensão arterial em escolares de Santa Cruz do Sul – RS, Brasil. Rev Assoc Med Bras. 2012;58(6):666-72.

8. Ferreira CEF, Faria RJ, Bazoni PS. Hipertensão arterial em crianças e adolescentes moradores da região do Caparaó, ES, Brasil. Rev Bras Cardiol. 2013;26(4):267-71.

9. Araújo FL, Monteiro LZ, Pinheiro MHNP, Silva CAB. Prevalência de fatores de risco para hipertensão arterial em escolares do município de Fortaleza, CE. Rev Bras Hipertens. 2010;17(4):203-9.

10. Polderman J, Gurgel RQ, Barreto-Filho JA, Roelofs R, Ramos RE, de Munter JS, et al. Blood pressure and BMI in adolescents in Aracaju, Brazil. Public Health Nutr. 2011;14(6):1064-70.

11. Queiroz VM, Moreira PVL, Vasconcelos THC, Vianna RPT. Prevalência e preditores antropométricos de pressão arterial elevada em escolares de João Pessoa – PB. Arq Bras Cardiol. 2010;95(5):629-34.

12. Hallal PC, Bertoldi AD, Gonçalves H, Victora CG. Prevalência de sedentarismo e fatores associados em adolescentes de 10-12 anos de idade. Cad Saúde Pública. 2006;22(6):1277-87.

13. Hallal PC, Victora CG, Azevedo MR, Wells JC. Adolescent physical activity and health: a systematic review. Sports Med. 2006;36(12):1019-30.

14. Araújo TL, Lopes MVO, Cavalcante TF, Guedes NG, Moreira RP, Chaves ES, et al. Análise de indicadores de risco para hipertensão arterial em crianças e adolescentes. Rev Esc Enferm USP. 2008;42(1):120-6.

15. Soares TS, Piovesan CH, Gustavo AS, Macagnan FE, Bodanese LC, Feoli AMP. Hábitos alimentares, atividade física e escore de risco global de Framingham na síndrome metabólica. Arq Bras Cardiol. 2014;102(4):374-82.

16. Silva LS, Cotta RMM, Rosa COB. Estratégias de promoção da saúde e prevenção primária para enfrentamento das doenças crônicas: revisão sistemática. Rev Panam Salud Publica. 2013;34(5):343-50.

17. Maciel ELN, Oliveira CB, Frechiani JM, Sales CMM, Brotto LDA, Araújo MD. Projeto Aprendendo Saúde na Escola: a experiência de repercussões positivas na qualidade de vida e determinantes da saúde de membros de uma comunidade escolar em Vitória, Espírito Santo. Ciênc Saúde Coletiva. 2010;15(2):389-96.

18. Casemiro JP, Fonseca ABC, Secco FVM. Promover saúde na escola: reflexões a partir de uma revisão sobre saúde escolar na América Latina. Ciênc Saúde Coletiva. 2014;19(3):829-40.

19. Poeta LS, Duarte MFS, Caramelli B, Jorge M, Giuliano ICB. Efeitos do exercício físico e da orientação nutricional no perfil de risco cardiovascular de crianças obesas. Rev Assoc Med Bras. 2013;59(1):56-63.

8

Doenças crônicas não transmissíveis: diabetes melito

Thalita Brandão Silva Teixeira
Érika Karine Almeida Nogueira
Jociéli Moura dos Santos Braga
Vanessa Barbosa Facina

Estudos têm demonstrado que as mudanças epidemiológicas, nutricionais e demográficas, ocorridas nos últimos anos, contribuíram para o aumento da incidência das doenças crônicas não transmissíveis (DCNTs) e, dentre elas, do diabetes melito (DM).[1,2] Essa doença constitui-se em um conjunto de distúrbios metabólicos, de etiologias múltiplas, caracterizados pela hiperglicemia e alterações no metabolismo de carboidratos, proteínas e gorduras, resultantes de defeitos na ação e/ou secreção do hormônio insulina.[3] Considerando o DM como um problema que se inicia cada vez mais precocemente, a promoção de hábitos alimentares saudáveis e atividade física na infância tornam-se primordiais para a prevenção dessa doença.[4,5]

Apesar do DM tipo 1, resultante da destruição das células pancreáticas e, consequentemente, da deficiência de insulina, ser mais comum em indivíduos jovens, há um destaque, também, para a prevalência do DM tipo 2 nessa população, o qual resulta de defeito na ação ou secreção da insulina.[3,6] Problema de saúde pública mundial, o DM atinge cerca de 285 milhões de indivíduos em todo o mundo.[1,7,8] No Brasil, cerca de 10,4% dos homens e 10,0% das mulheres são portadores dessa doença.[9] Somada à magnitude que ela alcança, verifica-se um crescente aumento da sua prevalência em faixas etárias mais jovens, ocorrendo, ainda, um aumento da incidência na população infantil, em particular, nas crianças menores de 5 anos, destacando-se o fato de que, no Brasil, a cada 100 mil habitantes com menos de 15 anos de idade, 7,6 já apresentam DM.[3]

A obesidade e o comportamento sedentário caracterizam-se como os principais fatores de risco para o DM,[10] portanto, a associação entre a prática de atividade física e uma alimentação saudável é considerada o principal tratamento para essa doença, sendo ambas eficazes na redução do nível de glicose sanguínea, no aumento da sensibilidade à insulina e na redução do peso corporal.[11] Faria et al.[7] demonstram a efetividade de programas educativos, de atividade física e de orientação nutricional, na melhora da percepção da saúde e da qualidade de vida de indivíduos diabéticos. Hábitos adquiridos na infância tendem a permanecer na vida adulta, evidenciando, assim, a importância da escola como ambiente favorável para o desenvolvimento de ações preventivas e promotoras de saúde, por ser fundamental na formação de crianças e de adolescentes.[12]

Nesse sentido, torna-se imprescindível o desenvolvimento de oficinas sobre DCNTs, com foco também no DM, para que seja possível alcançar mudanças que permitam a incorporação de hábitos saudáveis para a prevenção dessas doenças. Para o público infantil, o desafio está em promover saúde de forma lúdica e competente, pela adoção de atividades físicas e alimentação adequada, sempre respeitando a cultura dos indivíduos e de seu grupo social.

Plano de trabalho

Este plano de trabalho foi elaborado para ser aplicado em escolas do Ensino Fundamental I, com escolares de 1º a 5º ano. O tema proposto foi *Diabetes Melito*, dentro do conteúdo de *Doenças crônicas não transmissíveis*. O tempo estimado para a realização do plano de trabalho é de 60 minutos.

Objetivo geral

- Trabalhar a prevenção do DM, demonstrando a importância da alimentação saudável e da atividade física.

Objetivos específicos

- Definir o que é o DM (causas, sintomas, importância da prevenção).
- Explicar e exemplificar os fatores de risco que podem levar ao DM.
- Enfatizar a importância da atividade física e da alimentação saudável na prevenção do DM.

Procedimentos didático-metodológicos

- Discussão em grupo do tema.
- Explicação das atividades.
- Experimentação do jogo *estrada do conhecimento.*
- Observação.
- Avaliação do interesse, da participação e da compreensão dos escolares pelo tema abordado pelos petianos, por meio de observação e de conversa com os escolares durante as atividades desenvolvidas.

Recursos materiais

- 1 modelo anatômico do esqueleto humano;
- 3 metros de TNT;
- 8 placas de emborrachado (EVA) em cores distintas;
- 3 carrinhos de brinquedo;
- 1 placa em papel-cartão.

Atividades

Deve-se realizar o plano de trabalho em três momentos: o primeiro compreende uma pequena discussão teórica sobre o tema abordado, o DM; o segundo propõe uma explanação lúdica e prática do tema abordado, a fim de fixá-lo; e o terceiro momento permite que os escolares façam um resgate do tema trabalhado.

Primeiro momento

- Duração prevista: 10 minutos.

Compreende uma pequena discussão teórica sobre o tema, a qual será iniciada verificando o conhecimento prévio dos escolares sobre a doença. Para essa verificação, serão utilizadas perguntas acerca da definição, das causas, dos sintomas e da prevenção do DM, além da ação da atividade física e da alimentação saudável no combate e na prevenção dela. Antes do início dessa discussão, é importante comunicar como será desenvolvido este plano de trabalho e o que compreendem os próximos momentos, para que os escolares percebam a importância de se prestar atenção ao conteúdo abordado.

Segundo momento

- Duração prevista: 20 minutos.

No segundo momento, serão apresentados alguns conceitos sobre o tema, em especial, as reações orgânicas decorrentes dos dois principais tipos da doença, DM tipo 1 e tipo 2, sempre em comparação com o organismo saudável. A transmissão dessas informações será feita de forma lúdica de três situações distintas: *organismo saudável*, *organismo com DM tipo I* e *organismo com DM tipo II*.

Organismo saudável: com o auxílio do modelo anatômico do esqueleto humano e uma linguagem simples, deve-se demonstrar o caminho percorrido pelo alimento, da boca até o estômago, e explicar que é no estômago que os alimentos transformam-se em pedaços menores e eles originam a glicose, um tipo de "açúcar" proveniente dos alimentos. A partir daí, citar os "soldadinhos do sangue": a insulina, um hormônio produzido pelo nosso corpo, responsável por "abraçar" o "açúcar" e transportá-lo até as células, sobretudo para que as crianças tenham "energia" para brincar, estudar e fazer todas as atividades do dia a dia. Para facilitar ainda mais a explicação, pode-se dizer que as células são como "casinhas" em que a glicose deve entrar para nos fornecer "energia", mas que a glicose não consegue entrar sem a ajuda da insulina, que serve como a "chave da casinha", abrindo a porta para que a glicose possa entrar.

Organismo com DM tipo I: relatar que se trata de uma situação mais rara, no entanto, que pode acometer o público infantil. Informar que, nesse tipo de diabetes, o organismo não produz a insulina e que, por isso, esta deve ser colocada no nosso corpo por meio de um remédio, na forma de injeção, diariamente.

Organismo com DM tipo II: explicar que, nesse tipo, há a produção de insulina, mas insuficiente para utilizar toda a glicose do corpo. Esse tipo pode resultar de hábitos alimentares não saudáveis e em comportamento sedentário excessivo. Enfatizar que essa situação, quando não controlada, pode acometer tanto crianças quanto adultos.

Terceiro momento

- Duração prevista: 30 minutos.

No terceiro momento, os escolares são convidados a participar de um jogo denominado *estrada do conhecimento*, e é nessa oportunidade que se pode observar se os escolares se apropriaram do conteúdo abordado e o quanto isso ocorre.

O jogo é confeccionado em TNT e EVA coloridos, com os quais se monta uma estrada, rodeada por casas, sobre a qual os participantes utilizam carrinhos de brinquedo para se locomoverem e avançarem no jogo. No início da estrada, há uma placa em que está escrito *Estilo de vida não saudável* e, ao final, outra placa em que se lê *Estilo de vida saudável.* A meta dos participantes é responder a algumas perguntas corretamente para, saindo de um estilo de vida não saudável, alcançarem um estilo de vida saudável.

A turma pode ser dividida em 3 grupos, contendo de 8 a 12 integrantes, a depender da quantidade de escolares presentes em sala de aula. Cada grupo será responsável por um carrinho cujo motorista é um homem diabético. Para desenvolver o percurso, os grupos devem responder perguntas sobre o tema abordado: diabetes melito.

No percurso há diversas casas, nas quais há diferentes tarefas (perguntas ou prendas) que os grupos devem realizar ao passar por elas. O grupo que cumpre a tarefa avança na estrada até a próxima casa, sendo, então, a vez do próximo grupo. O grupo que não realizar ou errar a tarefa, fica estacionado na mesma casa. As tarefas devem ser realizadas por todos os membros do grupo.

As perguntas devem ser relacionadas ao tema e, para cada casa do jogo, deve haver mais de uma pergunta, para que não se repitam. Somente os petianos devem ter acesso às listas contendo as perguntas e respostas e as prendas. Deve haver uma placa, de um lado verde e de outro vermelho, por meio da qual os petianos indicam se a tarefa está errada (lado vermelho) ou certa (lado verde); a placa pode ser confeccionada em papel-cartão. É declarada vencedora a equipe que primeiro alcançar o estilo de vida saudável.

Quadro 8.1 – Sugestões de perguntas para o terceiro momento

1. O diabetes é uma doença hereditária (transmitida "de pai para filho") que atinge apenas os homens?
Resposta: Não.

2. A obesidade agrava os casos de diabetes?
Resposta: Sim.

3. Comer muitos doces ajuda a proteger o nosso corpo contra o diabetes?
Resposta: Não.

4. A insulina é um hormônio responsável por levar o açúcar que está no sangue para todo o nosso corpo?
Resposta: Sim.

5. As frutas também contêm açúcar. Quem tem diabetes pode comer frutas?
Resposta: Sim.

6. O aumento do nível de glicose (açúcar) no sangue faz o diabético sentir muita sede, ter fome constante, perder peso, sentir-se cansado, urinar com frequência e sentir os braços e as pernas dormentes?
Resposta: Sim.

7. O diabetes é uma doença que atinge apenas as pessoas mais velhas?
Resposta: Não.

8. Uma boa alimentação, sem muitos doces e gorduras, ajuda a nos proteger contra o diabetes?
Resposta: Sim.

9. Para não ter diabetes, devemos ficar quietos em casa assistindo TV ou jogando *videogame*?
Resposta: Não.

10. As crianças que comem doces e salgadinhos todos os dias e não praticam atividade física correm mais risco de ter diabetes?
Resposta: Sim.

Quadro 8.2 – Sugestões de prendas para o terceiro momento

1) Imitar o som de um animal (gato, galinha, cachorro).
2) Imitar os gestos de um animal (macaco, galinha, sapo).
3) Pular 10 vezes.
4) Dar uma volta na escola correndo.
5) Abraçar o colega ao lado.
6) Fazer 5 polichinelos.
7) Fazer 5 flexões.
8) Cantar uma música escolhida pelo grupo oposto.
9) Dançar uma música escolhida pelo grupo oposto.
10) Realizar uma atividade saudável escolhida pelo grupo oposto.

Após o desenvolvimento do plano de trabalho, em cada sala de aula deve ser solicitado aos escolares que copiem as atividades para serem feitas em casa, que são específicas para cada série.

- *Escolares de 1º e 2º ano*: com a ajuda dos pais ou responsáveis, devem fazer uma colagem de figuras dos principais alimentos e das atividades físicas não saudáveis que podem contribuir para o surgimento do DM. O principal objetivo desta atividade é constatar se os escolares compreenderam quais hábitos de vida podem levar ao DM.
- *Escolares de 3º e 4º ano*: fazer um poema ou uma redação contando o que aprenderam durante o plano. Com essa atividade, objetiva-se estimular a escrita e a reflexão sobre o tema abordado. Espera-se que os escolares discorram sobre pelo menos três pontos trabalhados: definição, causas, sintomas, prevenção do DM e/ou ação da atividade física e da alimentação saudável no combate e na prevenção do DM.
- *Escolares do 5º ano*: devem entrevistar os pais ou responsáveis sobre o que eles sabem do DM. Espera-se envolver os pais nas atividades escolares, estimulando a troca de conhecimentos entre pais e filhos.

Com o intuito de contribuir para a continuidade do trabalho desenvolvido pelo programa PET-Saúde, ao final da oficina, os petianos disponibilizam para as professoras atividades extras sobre o tema abordado, que podem ser observadas a seguir.

Atividades complementares

SÉRIE: 1º e 2º ANO

Nome: ____

1) No quadro 1, desenhe alimentos que, se consumidos em excesso, podem causar diabetes. No quadro 2, desenhe atividades físicas que ajudam na prevenção do diabetes.

Quadro 1	Quadro 2

2) Laura descobriu que comer muito doce e não praticar atividades físicas pode torná-la diabética. Então, resolveu fazer um caminho saudável para sua vida. Ajude Laura a encontrar o caminho até os alimentos saudáveis e as atividades físicas.

3) Recorte os nomes dos alimentos que se consumidos em excesso podem causar diabetes, cole na figura correta e, depois, pinte as figuras.

DOCE	BOLO	PICOLÉ
SORVETE	BALA	

SÉRIE: 3º ANO

Nome: ____

1) Como você já aprendeu, a prática regular de atividades físicas ajuda na prevenção e, também, no tratamento do diabetes. Construa uma história que descreva as atividades desenvolvidas a seguir que contribuem para a prevenção do diabetes.

a) João ajuda seus pais no ______
____
____
____
____
____
____

b) Rafael gosta de ______________
____
____
____
____
____
____
____

c) Lúcia gosta de ajudar sua mãe no
____
____
____
____
____
____

SÉRIE: 4º e 5º ANO

Nome: ____

1) Usando os conhecimentos que você adquiriu sobre diabetes, crie uma história usando as figuras a seguir. Use sua criatividade!

2) Circule no caça-palavras as formas de prevenção do diabetes.

A	B	C	D	E	F	G	H	I	J	C	L	R	M	Q
N	O	P	R	Q	R	S	T	U	V	O	X	E	Z	T
A	P	Z	E	X	N	A	C	M	W	N	F	D	P	B
B	Q	A	D	Z	O	B	O	T	Y	T	E	U	O	M
C	R	T	U	A	P	C	N	S	X	R	D	Ç	N	P
D	S	I	Ç	B	Q	D	T	R	Z	O	C	A	M	R
E	T	V	A	C	R	E	R	Q	K	L	B	O	K	X
F	U	I	O	D	S	F	O	P	M	E	A	D	L	H
G	V	D	D	E	W	G	L	O	U	D	Z	E	J	A
B	O	A	A	L	I	M	E	N	T	A	Ç	A	O	Z
H	W	D	G	F	Y	H	D	N	Z	G	Z	Ç	I	V
I	Y	E	O	G	X	I	O	M	A	L	X	U	H	O
J	K	F	R	H	Z	J	P	L	B	I	V	C	G	A
L	A	I	D	I	A	L	E	U	C	C	X	A	F	L
M	B	S	U	J	B	M	S	O	D	E	L	R	E	W
N	C	I	R	L	C	N	O	I	E	M	T	X	D	X
O	D	C	A	K	D	O	W	E	F	I	R	W	C	Y
P	E	A	X	M	E	P	Y	B	G	A	S	Z	B	Z
C	O	N	S	U	M	O	D	E	F	I	B	R	A	S

Atividade física
Boa alimentação
Controle da glicemia
Redução de açúcar
Redução da gordura
Consumo de fibras
Controle do peso

Aplicação do plano: sucessos, fracassos e reflexões

Algumas metodologias utilizadas na abordagem do conteúdo foram determinantes para a compreensão do tema pelos escolares. O modelo anatômico do esqueleto humano, utilizado para demonstrar como se dá a digestão dos alimentos e seu trajeto desde a boca até o estômago, chamou a atenção dos escolares e estimulou à participação da turma, facilitando a compreensão. O esqueleto era visto, por alguns, como ilustração de medo ou terror, e associado a uma assombração. Foi necessário levar os escolares para tocarem o objeto, explicando que era de plástico e uma réplica do nosso esqueleto. Após alguns minutos, o esqueleto recebeu um nome ou um apelido e já era considerado um membro do grupo. Esse fato ocorreu, sobretudo, naquelas escolas em que o esqueleto não fazia parte do material de apoio das atividades didáticas, demonstrando a importância do fornecimento desses materiais, pelo governo, para as escolas, pois o esqueleto apresentou-se como instrumento essencial no auxílio de educadores, petianos e escolares no processo de ensino e aprendizagem.

O jogo *estrada do conhecimento* foi útil e eficaz para a fixação do conteúdo abordado. Destacamos a importância da construção prévia do jogo, pois isso demanda muita criatividade, calma e dedicação por parte dos petianos para torná-lo atrativo aos escolares. O uso das prendas para os grupos que não conseguiram responder as perguntas corretamente possibilitou momentos de descontração durante o jogo, exigiu maior concentração dos escolares no momento de ouvir as perguntas e aumentou o esforço dos grupos para não errarem as próximas respostas. É importante destacar aos escolares, no início das atividades, que eles irão participar de um jogo de perguntas e respostas, pois isso os faz prestar mais atenção aos momentos iniciais do plano de trabalho. Percebemos uma clara diferença quando houve a explicação prévia do desenvolvimento do plano e, quando isso não foi explicado previamente, os escolares ficaram mais dispersos e prestaram menos atenção ao que era abordado.

O tema abordado neste plano de trabalho apresenta termos técnicos de difícil compreensão, mas necessários em sua abordagem. O uso de uma linguagem clara e objetiva foi importante para a explicação do conteúdo, no entanto, em alguns momentos, só a adaptação da linguagem não foi capaz de transmitir adequadamente as informações. Nesses momentos, então, verificamos que o uso das metáforas foram imprescindíveis para adequar a linguagem ao entendimento dos escolares, por exemplo: comparar a insulina a um "soldadinho" responsável por transportar o "açúcar", glicose, do sangue para as células do corpo; associar a importância da glicose às atividades que os escolares realizam, como "a glicose é responsável por fornecer energia para brincar, estudar, ajudar a mamãe em casa e realizar as atividades do dia a dia"; comparar as células com casinhas onde a glicose deveria entrar para o fornecimento da energia; relacionar a insulina com a chave dessa casinha, sem a qual a glicose não poderia entrar. Nas turmas mais agitadas, houve muita dificuldade de abordagem do conteúdo, em virtude da falta de atenção, o que tornou a compreensão do assunto dificultada, prejudicando o resultado da oficina. Nessas turmas os objetivos propostos não foram alcançados. Ao final da intervenção, percebemos que o tema proposto era muito difícil para a compreensão dos menores, sobretudo para os escolares do 1º ano. Apesar do esforço por parte dos petianos em utilizar linguagem simples, metáforas, exemplos práticos, a maioria dos escolares dessa série não compreendeu o tema. Com essa faixa etária, teríamos que começar com informações muito mais simplificadas, não só ajustar a linguagem e acrescentar exemplos e metáforas.

Uma situação chamou à atenção dos petianos: o contentamento dos escolares com os carrinhos de brinquedo que faziam parte do jogo *estrada do conhecimento*. Os escolares ficaram encantados ao ver os carrinhos, de lojas atacadistas de preços populares. Alguns meninos ficaram ansiosos para jogar, mas era perceptível que não era pelo jogo em si, mas, sim, pelos carrinhos. Outros solicitavam a oportunidade de brincar com os brinquedos após as atividades. Em alguns momentos, as paredes das salas de aulas transformaram-se em verdadeiras pistas de corridas. Esse fato nos chamou bastante a atenção, pois se trata de um brinquedo barato, porém, não acessível à realidade social e econômica da maioria daquelas crianças. Ficou explícita a carência pelo brinquedo e pelo brincar.

Para a realização deste plano de trabalho, algumas coisas foram essenciais, como a dedicação dos membros do grupo PET-Saúde, a coletividade, o trabalho em equipe, fundamental para o sucesso de qualquer tarefa. A harmonia e a responsabilidade entre o grupo possibilitaram o desenvolvimento das ações descritas, trabalhar a prevenção do DM na escola, demonstrando a importância da alimentação saudável e da atividade física. Os esforços da equipe foram direcionados nesse sentido, permitindo que o objetivo geral dessa oficina fosse alcançado.

Referências

1. Marinho NBP, Vasconcelos HCA, Alencar AMPG, Almeida PC, Damasceno MMC. Risco para diabetes mellitus tipo 2 e fatores associados. Acta Paul Enferm. 2013;26(6):569-74.

2. Sigwalt FR, Silva RCR. Resistência à insulina em adolescentes com e sem excesso de peso de município da Grande Florianópolis-SC. Rev Bras Enferm. 2014;67(1):43-7.

3. Sociedade Brasileira de Diabetes. Diretrizes da Sociedade Brasileira de Diabetes: 2013-2014. São Paulo: AC Farmacêutica; 2014.

4. Calliari LEP, Monte O. Abordagem do diabetes melito na primeira infância. Arq Bras Endocrinol. Metab 2008;52(2):243-9.

5. Della Manna T. Nem toda criança diabética é tipo 1. J Pediatr. 2007;83(5): S178-83.

6. Gabbay M, Cesarini PR, Dib SA. Diabetes melito do tipo 2 na infância e adolescência: revisão da literatura. J Pediatr 2003;79(3):201-8.

7. Faria HTG, Veras VS, Xavier ATF, Teixeira CRS, Zanetti ML, Santos MA. Qualidade de vida de pacientes com diabetes mellitus antes e após participação em programa educativo. Rev Esc Enferm. 2013;47(2):348-54.

8. Monteiro J. Rastreio de Diabetes Mellitus tipo 2 e o seu impacto na mortalidade. Rev Port Med Geral Fam. 2013;29(1):70-2.

9. Organização Mundial da Saúde (OMS). Estadísticas Sanitarias Mundiales 2013. Genebra: Organização Mundial da Saúde; 2013.

10. Souza RAG, Mediano MFF, Souza AM, Sichieri R. Redução do uso de açúcar em escolas públicas: ensaio randomizado por conglomerados. Rev Saúde Pública. 2013;47(4):666-74.

11. Sañudo B, Alfonso-Rosa RM, Pozo-Cruz J, Pozo-Cruz J, Pozo-Cruz B. Influência do nível de atividade física sobre a aptidão física e qualidade de vida relacionada à saúde em idosos portadores ou não de diabetes mellitus tipo 2. Rev Bras Med Esporte. 2013;19(6):410-4.

12. Tenório MCM, Barros MVG, Tassitano RM, Bezerra J, Tenório JM, Hallal PC. Atividade física e comportamento sedentário em adolescentes estudantes do ensino médio. Rev Bras Epidemiol. 2010;13(1):105-17.

9

Saúde óssea

Tarcísio Silva Santos
Érika Karine Almeida Nogueira
Thalita Brandão Silva Teixeira
Jociéli Moura dos Santos Braga
Aline dos Santos Rocha
Jamily Araújo Souza
Teresa Maria Bianchini de Quadros
Alex Pinheiro Gordia

A saúde óssea é um aspecto essencial para o crescimento e o desenvolvimento do corpo. O tecido ósseo, que compreende a maior parte do esqueleto, necessita da contribuição de fatores nutricionais e da atividade física para a sua formação e o seu fortalecimento.[1] A redução na densidade mineral óssea na infância e na adolescência aumenta a probabilidade de morbidades, como a osteoporose, na idade adulta.[2] Nesse sentido, a infância e a adolescência são considerados períodos importantes para a promoção da saúde óssea em todo o ciclo de vida.

A adoção de hábitos saudáveis na infância e adolescência contribui para o aumento do conteúdo e da densidade mineral óssea.[3-8] De acordo com Lima et al.,[4] indivíduos mais ativos na infância e na adolescência obtiveram maiores valores de conteúdo e de densidade mineral óssea, independentemente da prática de atividade física na vida adulta. Atividades esportivas que ocasionem impactos são benéficas para a manutenção da massa óssea.[8] Em contrapartida, a ausência de carga sobre o esqueleto e a pouca realização de atividades físicas podem ocasionar o enfraquecimento dos ossos, aumentando o risco de fraturas.[9]

Além da prática regular de atividade física, a alimentação saudável, com consumo de fontes de cálcio, de fósforo e de vitamina D, é eficaz no desenvolvimento e manutenção da saúde dos ossos.[6] Durante o crescimento, o suprimento adequado de cálcio e vitamina D é considerado importante no desenvolvimento ósseo. Essa vitamina é fundamental para que o cálcio seja absorvido, portanto, se a criança está apta a alcançar seu potencial genético de crescimento e pico de massa óssea, a dieta deve ter quantidade suficiente desses nutrientes.[10] Ademais, o consumo de frutas e de vegetais tem sido associado positivamente à saúde óssea de adolescentes, de mulheres jovens e de mulheres na pós-menopausa, e sua ingestão diária contribui para diminuir a incidência de fratura de quadril.[7,11]

Programas de intervenção realizados no âmbito escolar, baseados na prática de atividades físicas, têm se demonstrado eficientes no aumento do tamanho do osso,[12] do conteúdo e da densidade mineral óssea.[5,13] A escola também tem se mostrado um espaço promissor para o desenvolvimento de ações de educação nutricional.[14,15] Esse ambiente tem sido considerado com grande potencial para iniciativas de saúde pública por atingir crianças e jovens de diferentes etnias e classes sociais.[16]

Nesse sentido, ressalta-se a importância do desenvolvimento de ações sobre a saúde óssea, com vistas a construir o conhecimento, por meio de atividades práticas, com foco no valor da atividade física e da nutrição adequada para o crescimento e o desenvolvimento saudável dos ossos.

Plano de trabalho

O plano de trabalho sobre *Saúde óssea* foi elaborado para ser aplicado no Ensino Fundamental I, com turmas de até 30 escolares e duração aproximada de 60 minutos. O plano pode ser útil para proporcionar o entendimento sobre o crescimento e o desenvolvimento saudável dos ossos durante a infância e a adolescência.

Objetivo geral

- Trabalhar a promoção da saúde óssea por meio da prática regular de atividades físicas e alimentação saudável.

Objetivos específicos

- Explicar e exemplificar o que é a saúde óssea (osso forte *versus* osso fraco).
- Enfatizar a importância da atividade física e da alimentação saudável no crescimento e desenvolvimento ósseo.
- Proporcionar uma experiência sobre como o consumo de refrigerantes e de outros alimentos pouco saudáveis podem afetar a saúde óssea.

Procedimentos didático-metodológicos

- Explicação das atividades de forma oral e com demonstrações.
- Construção de cartazes informativos sobre o tema e prática de atividades físicas específicas para a promoção da saúde óssea.
- Discussão sobre o tema em grupo.

- Avaliação do interesse, da participação e da compreensão dos escolares pelo tema abordado pelos petianos, por meio de observação e de conversa com os escolares durante as atividades desenvolvidas.

Recursos materiais

- *Desenho de esqueleto*
  - sala de aula ou espaços alternativos;
  - 4 cartolinas.
- *Corrida de revezamento*
  - 4 bastões para revezamento (que podem ser confeccionados com cabo de vassoura ou cano PVC);
  - 10 tiras de TNT.
- *Circuito de atletismo*
  - 4 barreiras (que podem ser feitas de cano PVC);
  - 2 cordas;
  - 4 bambolês;
  - 1 fita adesiva transparente.
- *Comparação de um esqueleto forte com um fraco*
  - 1 isopor;
  - 1 esqueleto.
- *Experiência com refrigerante de cola e osso*
  - 1 refrigerante de cola de 200 ml;
  - 1 dente humano/animal ou osso de galinha.

Atividades

Sugere-se que, para essa oficina, sejam destacados os grupos alimentares mais importantes para a manutenção da saúde óssea, bem como as atividades físicas mais recomendadas. Além disso, sugere-se discutir com os escolares os conceitos sobre "osso forte" e "osso fraco", proporcionando reflexão sobre a relação entre os hábitos não saudáveis e osso fraco e os hábitos saudáveis e osso forte. A oficina é dividida em quatro momentos.

Primeiro momento

Realiza-se uma discussão a respeito do conteúdo, utilizando como estratégia um esqueleto e um pedaço de isopor para exemplificar a diferença entre um osso forte (esqueleto – com elevada densidade mineral) e um osso fraco (isopor – com reduzida densidade mineral). Nesse primeiro momento, podem ser realizadas as seguintes perguntas aos escolares: "Como a saúde do nosso osso interfere em nosso crescimento?" e "Como ter um osso forte e saudável?".

Após as respostas dos escolares, os petianos constroem o conhecimento coletivamente, sempre ressaltando a importância das atividades físicas de alto impacto (saltos, corridas, atividades contrarresistência, entre outras) e do consumo de alimentos que são fontes de cálcio (leite e seus derivados; vegetais verde-escuros, como couve, brócolis, rúcula e espinafre) e fontes de vitamina D (gema de ovo, fígado, manteiga, leite, sardinha e atum). Os hábitos que comprometem a saúde óssea – comportamento sedentário e alimentação pouco saudável – também podem ser abordados nesse momento. Nas abordagens referentes à alimentação, recomenda-se o uso da pirâmide alimentar, e, nas abordagens sobre as atividades físicas, da pirâmide de atividades físicas (descritas em detalhes nos Capítulos 4 e 5).

Segundo momento

Recomenda-se que os escolares sejam divididos em quatro grupos. Cada grupo deve desenhar um esqueleto forte ou um esqueleto fraco em cartolinas, relacionando-o a hábitos de vida (alimentação saudável; atividades físicas; alimentação pouco saudável; comportamento sedentário). Posteriormente, cada grupo deve apresentar seus respectivos trabalhos aos colegas de classe. Sugere-se que, nesse momento, seja estimulada a discussão sobre as combinações entre os esqueletos e os hábitos de vida.

Terceiro momento

Os escolares participam de um circuito com atividades de alto impacto (corridas de revezamento, saltos sobre barreiras adaptadas e saltos verticais). Nessa atividade, deve-se enfatizar a importância da prática de atividade física de alto impacto para estimular o fortalecimento dos ossos.

Quarto momento

Esse momento deve ser reservado para a realização de uma experiência. Coloca-se um dente humano/animal ou um pedaço de osso de galinha dentro de uma garrafa com refrigerante. O objetivo da atividade é instigar os escolares a refletirem sobre o que acontecerá com o dente ou o pedaço de osso de galinha após uma semana de imersão, pois se acredita que o material ósseo ficará parcialmente danificado. Sugere-se retomar a atividade na semana seguinte para analisar a situação do dente ou pedaço de osso de galinha que ficou submerso no refrigerante.

Atividades para casa

Após o desenvolvimento do plano de trabalho, em cada sala deve ser solicitado aos escolares que copiem atividades para serem feitas em casa.

- *Escolares de 1º, 2º e 3º ano*: devem reproduzir em seu caderno a atividade desenhada pelos petianos no quadro. Nessa atividade, devem ligar o esqueleto aos desenhos de alimentos saudáveis e de atividades físicas que contribuem para a formação de um osso forte. Os desenhos podem ser uma caixa de leite, um refrigerante, uma criança pulando corda ou saltando, e uma criança assistindo televisão. O objetivo da atividade é observar o quanto os escolares assimilaram o que foi trabalhado na oficina a respeito dos elementos que contribuem para a formação de um osso forte.
- *Escolares de 4º e 5º ano*: orientar os escolares a listarem quais alimentos presentes na sua alimentação e quais atividades físicas realizam no dia a dia que deixam os ossos fortes e aqueles que deixam os ossos fracos. O objetivo da atividade é fazer que os escolares consigam diferenciar os alimentos e atividades físicas que contribuem para deixar o osso forte e aqueles que são prejudiciais para os ossos.

Com o intuito de contribuir para a continuidade do trabalho desenvolvido pelo programa PET-Saúde, ao final da oficina, os petianos disponibilizam para as professoras atividades extras sobre o tema abordado, que podem ser observadas a seguir.

Atividades complementares

SÉRIE: 1º e 2º ANO

Nome: ____

1) Pinte as imagens que representem atitudes saudáveis para os ossos.

2) Circule os alimentos que ajudam na saúde dos ossos e marque um X naqueles que prejudicam os ossos.

3) Desenhe as atividades e os alimentos presentes no seu dia a dia que contribuem para o fortalecimento dos seus ossos.

4) Ligue ao esqueleto o que devemos fazer para manter os ossos fortes.

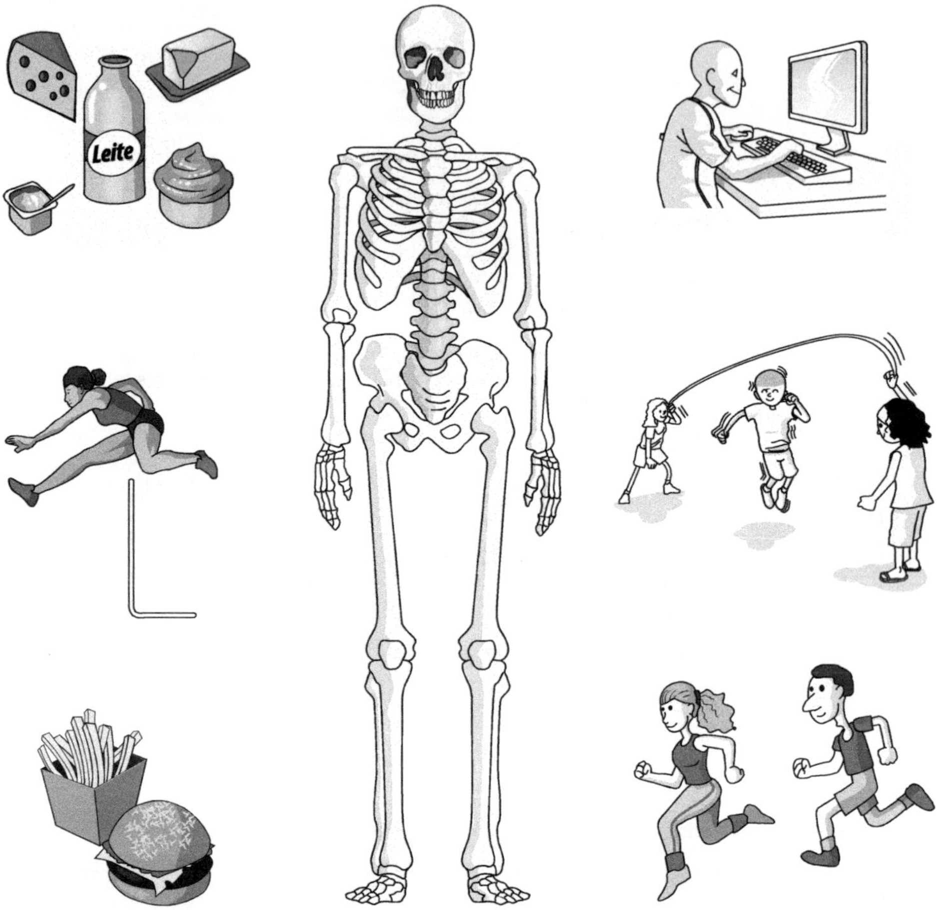

SÉRIE: 3º, 4º e 5º ANO

Nome: ____

1) Joãozinho era um menino que não se alimentava direito e vivia comendo besteira. Ele gostava muito de hambúrguer, de cachorro-quente, de refrigerante, passava o dia todo assistindo TV e não saía para brincar com seus coleguinhas. Certo dia, Joãozinho foi jogar bola e acabou quebrando o braço ao cair. Quando foi ao hospital, o médico disse que ele estava com os ossos fracos. O que Joãozinho poderia fazer e como poderia se alimentar para ajudar na sua recuperação e melhorar seu problema nos ossos?

____

____

____

2) Assinale a alternativa em que *todos* os alimentos listados ajudam no fortalecimento dos ossos.

a) Leite, queijo e refrigerante.
b) Café, chocolate e leite.
c) Couve, leite e queijo.
d) Aipim, manteiga e café.

3) Aponte a figura que representa um hábito de vida que contribui para a saúde dos ossos.

a)

b)

c)

Aplicação do plano: sucessos, fracassos e reflexões

Os sucessos que serão apresentados neste tópico são referentes às observações de toda a equipe do PET-Saúde, as quais foram descritas nos relatórios após a realização de cada intervenção.

Os cartazes construídos pelos escolares de cada turma foram expostos em sala de aula e, também, nos corredores das escolas. Esse ato promoveu maior visibilidade do trabalho realizado pelos escolares para toda a comunidade escolar. Era frequente observarmos pais de escolares, escolares de outras turmas e funcionários das escolas diante dos cartazes, curiosos em saber do que se tratavam.

Durante a realização das atividades, foi possível observar que os alunos compreenderam a relação entre um osso saudável com hábitos saudáveis e de um osso fraco com hábitos não saudáveis. O envolvimento dos alunos foi perceptível durante as atividades. O pedaço de isopor utilizado facilitou nossa abordagem, pois mostramos a diferença de um osso forte e um osso frágil (momento em que quebramos o pedaço de isopor e fizemos uma analogia). Contudo, no quarto momento, quando se colocava o dente ou o osso na garrafa de refrigerante, foi possível notar a decepção dos escolares em não poder consumi-lo ao invés de fazer o experimento. Pôde-se perceber que, mesmo estando cientes de que o presente alimento não é saudável, o interesse dos escolares pelos alimentos industrializados ainda era grande. Após uma semana de realização do experimento, foi mostrado para os escolares o estado de degradação que estava o dente ou osso utilizado, e todos demonstraram enorme surpresa com o resultado.

O sucesso da intervenção também pôde ser observado durante a oficina e nas atividades que foram direcionadas para realização em casa. Com essas atividades, foi possível analisarmos o nível de entendimento de cada escolar acerca do tema trabalhado. Foram, também, disponibilizadas para as professoras regentes de classe atividades extras sobre saúde óssea, contribuindo, assim, para a continuidade do trabalho desenvolvido nas escolas.

Houve poucos relatos de fracassos, mas, certamente, esses relatos podem contribuir para que, no futuro, sejam elaboradas estratégias para que não venham a ocorrer novamente. A realização dos desenhos nos cartazes acabou por tomar grande parte do tempo da oficina, pois os alunos eram muito perfeccionistas, queriam detalhar e enfeitar seus trabalhos, e isso reduziu o tempo das atividades em sequência. No terceiro momento das práticas, encontramos dificuldades em algumas escolas que não tinham espaços adequados para realizar as atividades e tivemos de improvisar o espaço. Outro aspecto a ressaltar é que, nas atividades práticas, devemos nos preocupar com a segurança dos alunos, pois alguns acabaram caindo durante os saltos e sofrendo algumas escoriações. Por fim, observamos que os cadernos entregues aos alunos para a realização das atividades propostas para casa eram esquecidos por parte de alguns, e, assim, não conseguíamos analisar o trabalho realizado por esses alunos.

Observamos o quanto é importante nos direcionarmos ao escolar, chamando-o pelo próprio nome. É uma forma de respeito, de demonstrar que sabemos quem ele é e que ele é importante. Na escola, esse aspecto por vezes torna-se difícil, a depender da quantidade de turmas e de alunos, mas cremos ser de fundamental importância considerarmos esse aspecto.

Essa oficina demonstra a importância da educação em saúde como conteúdo a ser trabalhado na escola, tendo em vista que esse ambiente é considerado favorável para implementação de programas educacionais que visem a um estilo de vida saudável.[17] As atividades desenvolvidas durante as oficinas tinham caráter lúdico, o que ajuda a transparecer a intenção da atividade, do mesmo modo que prende a atenção do escolar.[18] Dessa forma, ressaltamos a importância deste trabalho ser realizado na infância e na escola, que tem o papel de preparar os alunos para a vida.

Referências

1. Malina RM, Bouchard C. Atividade física do atleta Jovem: do crescimento à maturação. São Paulo: Roca; 2002.

2. Romero Pérez A, Rivas Velasco A. Adherence to Mediterranean diet and bone health. Nutr Hosp. 2014;29(5):989-96.

3. Gutin B, Stallmann-Jorgensen IS, Le AH, Johnson MH, Dong Y. Relations of diet and physical activity to bone mass and height in black and white adolescents. Pediatr Rep. 2011;3(2):e10.

4. Lima M, Cayres S, Agostinete R, Ito I, Fernandes R. Estabilidade da prática esportiva durante a infância/adolescência e densidade mineral óssea na idade adulta. Rev Bras Ativ Fis Saúde. 2013;18(4):445-52.

5. Meyer U, Romann M, Zahner L, Schindler C, Puder JJ, Kraenzlin M, et al. Effect of a general school-based physical activity intervention on bone mineral content and density: a cluster-randomized controlled trial. Bone. 2011;48(4): 792-7.

6. Morais GQ, Burgos MGPdA. Impacto dos nutrientes na saúde óssea: novas tendências. Rev Bras Ortop. 2007;42(7):189-94.

7. Benetou V, Orfanos P, Pettersson-Kymmer U, Bergström U, Svensson O, Johansson I, et al. Mediterranean diet and incidence of hip fractures in a European cohort. Osteoporos Int. 2013;24(5):1587-98.

8. Tenforde AS, Fredericson M. Influence of sports participation on bone health in the young athlete: a review of the literature. PM R. 2011;3(9):861-7.

9. Barbosa AA, Del Carlo RJ, Galvão SR, Vilela MJ, Louzada MJQ, Brito AFS, et al. Bone mineral density of rat femurs after hindlimb unloading and different physical rehabilitation programs. Rev Ceres. 2011;58(4):407-12.

10. Bueno AL, Czepielewski MA. A importância do consumo dietético de cálcio e vitamina D no crescimento. J Pediatr. 2008;84(5):386-94.

11. Li JJ, Huang ZW, Wang RQ, Ma XM, Zhang ZQ, Liu Z, et al. Fruit and vegetable intake and bone mass in Chinese adolescents, young and postmenopausal women. Public Health Nutr. 2013;16(1):78-86.

2. Linden C, Ahlborg HG, Besjakov J, Gardsell P, Karlsson MK. A school curriculum-based exercise program increases bone mineral accrual and bone size in prepubertal girls: two-year data from the pediatric osteoporosis prevention (POP) study. J Bone Miner Res. 2006;21(6):829-35.

13. Heidemann M, Mølgaard C, Husby S, Schou AJ, Klakk H, Moller NC, et al. The intensity of physical activity influences bone mineral accrual in childhood: the childhood health, activity and motor performance school (the CHAMPS) study, Denmark. BMC Pediatr. 2013;13:32.

14. Yokota RTdC, Vasconcelos TFd, Pinheiro ARdO, Schmitz BdAS, Coitinho DC, Rodrigues MdLCF. Projeto "A escola promovendo hábitos alimentares saudáveis": comparação de duas estratégias de educação nutricional no Distrito Federal, Brasil. Rev Nutr. 2010;23(1):37-47.

15. Marques AMC. Programas de intervenção alimentar/nutricional em meio escolar: metodologias de desenvolvimento e implementação. [monografia]. Porto: Faculdade de Ciência da Nutrição e Alimentação da Universidade do Porto; 2009.

16. Klakk H, Chinapaw M, Heidemann M, Andersen LB, Wedderkopp N. Effect of four additional physical education lessons on body composition in children aged 8-13 years – a prospective study during two school years. BMC Pediatr. 2013;13:170.

17. Marani F, Oliveira ARd, Guedes DP. Indicadores comportamentais associados à prática de atividade física e saúde em escolares do ensino médio. R Bras Ci e Mov. 2007;15(2):39-46.

18. Coscrato G, Pina JC, Mello DFd. Utilização de atividades lúdicas na educação em saúde: uma revisão integrativa da literatura. Acta Paul Enferm. 2010;23(2): 257-63.

10

Atividade de encerramento

Aline dos Santos Rocha
Fernanda Menezes dos Santos
Liliana Cardoso dos Santos Souza
Érika Karine Almeida Nogueira
Tarcísio Silva Santos
Jociéli Moura dos Santos Braga
Teresa Maria Bianchini de Quadros

Ao finalizar uma intervenção, sobretudo em ambiente escolar, é imprescindível confirmar a efetividade do que foi trabalhado. Logo, a atividade de encerramento de uma intervenção consiste em obter *feedback* sobre o trabalho desenvolvido, bem como promover interação entre toda a comunidade escolar, incluindo as famílias que têm papel indispensável no processo de aprendizado das crianças.

A atividade de encerramento pode possibilitar que a equipe identifique sucessos e fracassos das oficinas e avalie os conhecimentos adquiridos pelos escolares. Contudo, a forma como as atividades, tanto de encerramento quanto de intervenção, são realizadas pode ser crucial para seu sucesso. É necessário que os escolares estejam totalmente envolvidos e motivados para a realização das atividades propostas.

Nesse sentido, o uso de metodologias lúdicas, como jogos, histórias, dramatizações e manifestações artísticas, pode atrair e motivar a participação dos escolares, permitindo a construção do saber como um todo, por meio do seu próprio estímulo.[1] O lúdico representa para a escola um instrumento facilitador para o desenvolvimento de um trabalho, que objetiva a construção do saber.[2] Na prática pedagógica, o lúdico deve ganhar cada vez mais espaço, pois as crianças se descobrem por meio das brincadeiras.[3]

Para Oliveira,[4] o lúdico viabiliza a construção do conhecimento de forma interessante e prazerosa, garantindo às crianças a motivação intrínseca necessária para uma boa aprendizagem. É brincando que a criança explora e compreende o mundo ao seu redor, e pela curiosidade, descobre situações novas, em que, então, acontece o aprendizado, o desenvolvimento e o crescimento infantil.[5] O uso da metodologia lúdica para realização das atividades pode, além de contribuir, ser um facilitador para a construção do aprendizado sobre alimentação saudável e atividade física. Nesse sentido, as atividades de encerramento devem motivar as crianças à participação e à busca prazerosa pelo conhecimento.

Plano de trabalho

Este plano de trabalho foi elaborado para ser aplicado em escolas do Ensino Fundamental I. Sugere-se que o foco do encerramento seja direcionado para os escolares de 1º a 5º ano, as professoras regentes de classe, as merendeiras e os pais dos escolares. A duração do encerramento dependerá do tamanho da escola e do número de turmas. Dessa forma, o tempo de realização do plano pode variar de 3 a 4 horas.

Objetivo geral

- Resgatar os temas abordados durante a realização dos trabalhos do PET-Saúde nas escolas e analisar os sucessos e fracassos das oficinas realizadas.

Objetivos específicos

- *1ª estação*
  - Verificar a capacidade dos escolares em identificar os alimentos saudáveis.
  - Averiguar os conhecimentos adquiridos pelos escolares sobre alimentação saudável e prática de atividade física.
  - Verificar o entendimento dos escolares acerca dos conteúdos das doenças crônicas não transmissíveis (DCNTs, ou seja, obesidade, diabetes melito – DM – e hipertensão arterial sistêmica – HAS).

- *2ª estação*
  - Investigar se os escolares conseguem identificar certos alimentos pelo paladar e pelo olfato.
  - Verificar e fortalecer os conhecimentos adquiridos pelos escolares sobre a alimentação saudável e os grupos alimentares.

- *3ª estação*
  - Proporcionar a prática de atividades físicas, com foco nas atividades de força, de velocidade e de impacto, resgatando suas importâncias para a saúde.
  - Trabalhar em equipe, respeitando o limite do próximo.
  - Proporcionar o discernimento dos conceitos "adversário" e "inimigo".

Procedimentos didático-metodológicos

- Explicação das atividades, por meio de conversa com a comunidade escolar.
- Experimentação, por meio da participação nas atividades propostas.
- Observação da resposta da comunidade escolar diante das atividades.

Recursos materiais

- *Identificação das equipes*
  - TNT colorido cortado em fitas (vermelho, amarelo, azul) em quantidade suficiente para toda a comunidade escolar.

- *1ª estação*
  - Três jogos da memória contendo vinte cartas cada. As cartas devem conter figuras diversas de hábitos alimentares saudáveis e não saudáveis, e cartas extras chamadas de carta "coringa" (identificadas pela imagem de alimentos saudáveis ou prática de atividades físicas).
  - Três jogos *O que vejo?*. Para os jogos, serão necessárias figuras diversas de alimentos saudáveis e não saudáveis, prática de atividade física e comportamento sedentário, coladas em 3 cartolinas.
  - Um jogo *Estrada do conhecimento*. Para a construção do jogo, são necessários 3 metros de TNT e 3 folhas de EVA em cores diversas. Para a execução do jogo, 1 dado e 3 carrinhos de brinquedo pequenos.

- *2ª estação*
  - Três jogos *Montagem do prato saudável*. Para a construção do jogo são necessárias três cartolinas cortadas em formato de pratos e em figuras diversas de alimentos saudáveis e não saudáveis.
  - Para a atividade *Momento degustação*, são necessários alimentos cortados em pequenos pedaços para degustação. Exemplos: maçã, uva, manga, *kiwi*, pera, tangerina, beterraba, cenoura, pepino, tomate, repolho. Para vendar os olhos dos escolares pode-se utilizar 3 faixas de tecido.
  - Três jogos *Caça ao carboidrato*. Para esses jogos, são necessários 3 *kits*, com 10 figuras cada, de alimentos fontes de carboidrato e 3 caixas de sapatos forradas.

- *3ª estação*
  - 3 sacos grandes para a corrida de saco;
  - 1 corda de aproximadamente 6 metros para o cabo de guerra;
  - 3 bastões (pedaços de cabo de vassoura/madeira ou cano de PVC de 20 cm) para a corrida com revezamento.
- *Caça ao tesouro*
  - 50 unidades de balões coloridos;
  - pistas para a caça ao tesouro;
  - papel escrito "Tesouro ou 200 pontos".
- *Premiação para a escola*
  - 1 bola de futebol ou de vôlei;
  - 1 corda de 5 metros;
  - 10 bambolês.

Atividades

Primeiro momento: gincana de grupo

Para a realização da gincana, é necessária a montagem de três estações, localizadas em espaços distintos. A primeira estação deve abordar o estilo de vida saudável; a segunda, a alimentação saudável; e a terceira, a prática de atividade física.

Os escolares devem ser divididos em três grandes grupos, que devem conter por volta do mesmo número de crianças com idades distintas. Cada grupo pode ser representado por uma cor. Para a identificação dos membros dos grupos, os escolares podem usar uma fita de TNT, a ser amarrada no punho das crianças, com a cor que representará o seu grupo. Por exemplo: o grupo 1 recebe a fita de cor vermelha; o grupo 2, de cor amarela; e o grupo 3, azul. Em seguida, deve-se solicitar que os grupos formados criem um "grito de guerra" com a ajuda das professoras regentes de classe e dos pais presentes. Cada grupo recebe 50 pontos pela atividade desenvolvida.

Para o início das atividades nas estações, cada grupo pode ser dividido em três subgrupos; dessa forma, cada estação pode ser visitada, simultaneamente, por um subgrupo de cada grupo/cor. Sugere-se que haja revezamento dos subgrupos de forma que todas as estações sejam visitadas por todos os subgrupos.

- *1ª estação*

Deve ser composta pelos jogos *O que vejo?*, *Memória* e *Estrada do conhecimento*, e pode ser realizada dentro de uma sala de aula. Nessa estação, os três subgrupos podem desenvolver as atividades ao mesmo tempo.

- *O que vejo?*: nessa atividade, cada subgrupo presente escolhe uma das cartolinas que devem estar presas ao quadro da sala. Cada cartolina tem um conjunto de imagens diferentes sobre hábitos alimentares saudáveis e não saudáveis, prática de atividades físicas e comportamento sedentário. O objetivo desse jogo é propiciar que cada subgrupo use sua criatividade para criar uma história com base nas imagens disponíveis e conte-a para os demais subgrupos presentes na estação em forma de miniteatro. Se o grupo não quiser ou não conseguir desenvolver uma história durante o tempo estimado (2 ou 3 minutos), pode apenas explicar o que aprendeu de acordo com as imagens expostas na cartolina. Ao apresentar a história ou explicar as imagens para as demais equipes, cada subgrupo alcança 10 pontos.
- *Jogo da Memória*: nessa atividade, cada subgrupo tem à sua disposição um jogo da memória, em que devem encontrar todos os pares de alimentos saudáveis em 5 minutos, para que a equipe ganhe 10 pontos. As cartas "curinga" encontradas devem ser utilizadas para que os escolares que as detenham em mãos

falem para o grupo o que aprenderam sobre hábitos de vida saudáveis durante as oficinas do PET-Saúde. Essas cartas funcionam do seguinte modo: se a carta curinga selecionada apresentar figura de alimentos, o ponto destacado deve ser sobre práticas alimentares e, se a carta tiver figura de brincadeiras, o ponto destacado deve ser sobre atividades físicas.

- *Estrada do conhecimento*: para participar do jogo, cada subgrupo fica responsável por um carrinho de brinquedo. O objetivo da atividade é sair do "estilo de vida não saudável" para a linha de chegada, que deve ser o "estilo de vida saudável". No percurso, há casas em que há tarefas (perguntas ou prendas) que os escolares dos subgrupos devem responder ou realizar ao passar por elas. Após cumprir a tarefa indicada, avançam na estrada até a próxima casa. Se os escolares não realizarem a tarefa ou errarem a resposta, não podem avançar. As tarefas (respostas e prendas) devem ser realizadas por todos os membros do subgrupo. A equipe que chegar primeiro ao final da estrada ganhará 10 pontos, vencendo a atividade. Deve haver uma placa, feita de papel-cartão, com um dos lados verde e outro vermelho (simulando um semáforo). Com essa placa, o professor indica se a resposta dada pela equipe está errada (lado vermelho) ou certa (lado verde). As perguntas feitas nesse jogo devem estar relacionadas às DCNTs já trabalhadas com os escolares (DM, HAS e obesidade), à saúde óssea e aos hábitos saudáveis e não saudáveis. Tais perguntas podem estar descritas em uma lista, à qual o professor tem acesso.

Quadro 10.1 – Sugestões de perguntas

O que é alimentação saudável?
O que é atividade física?
Quais pirâmides podem nos ajudar na manutenção da nossa saúde?
O que é obesidade?
Como tratar a obesidade?
O que é hipertensão arterial sistêmica?
O que é diabetes melito?
O que ocasiona diabetes melito?
Quais os sintomas do diabetes melito?
Apenas adultos têm diabetes melito, hipertensão arterial e obesidade?
Quais os tipos de diabetes melito e qual a diferença entre eles?
Como se prevenir das doenças crônicas (diabetes melito, hipertensão arterial e obesidade)?
Quais as características de um osso saudável?

Quadro 10.2 – Sugestões de prendas

Imitar um animal.
Fazer uma careta.
Dançar uma música cantada pelos colegas.
Cantar uma música.
Contar uma piada.
Fazer uma mímica para que os colegas adivinhem (nesse momento, o professor pode sugerir que o aluno imite um bicho para que a turma descubra).
Reproduzir a brincadeira de que mais gostou de participar durante as oficinas.

- *2ª estação*

A segunda estação pode ser dividida em três ilhas, nas quais os subgrupos devem realizar simultaneamente as atividades.

- *Montagem do prato saudável*: para essa atividade, cada subgrupo de escolares recebe, em sua ilha, um prato desenhado em cartolina juntamente com diversas figuras de alimentos saudáveis (arroz, macarrão, feijão, salada de legumes, salada de alface, carne, frango e peixe grelhado, laranja, entre outros) e alimentos não saudáveis (feijoada, salada de legumes com maionese, lasanha, batata frita, pudim, entre outros). Os subgrupos têm 2 minutos para realizar a atividade, de modo que todos devem contribuir na montagem do prato saudável. Ao término do tempo estabelecido, os petianos passam em cada ilha para analisar os alimentos escolhidos para a montagem do prato. A prova tem valor de 10 pontos e, a cada alimento escolhido de forma errada, perde-se 1 ponto. A pontuação final deve ser registrada. Ao final dessa atividade, deve ser discutida, com os subgrupos, a importância de incluir alimentos saudáveis e evitar alimentos não saudáveis na alimentação diária, reforçando os conhecimentos construídos durante as atividades realizadas na escola.
- *Caça ao carboidrato:* para essa atividade, cada subgrupo recebe uma caixa contendo diversas figuras de alimentos, de todos os grupos alimentares (cereais, raízes e tubérculos; frutas, legumes e verduras; feijões e outros alimentos vegetais ricos em proteínas; leite e derivados, carnes e ovos; gorduras e açúcares). Os subgrupos têm 2 minutos para recolher, da sua caixa, 10 figuras de alimentos que são fonte de carboidrato. Findados os 2 minutos, é contabilizada a quantidade de figuras de alimentos fonte de carboidrato selecionadas por cada subgrupo. A prova tem valor de 10 pontos, e, a cada figura selecionada de forma errada, perde-se 1 ponto. Deve-se registrar a pontuação final

de cada subgrupo. Em seguida, deve-se discutir com as equipes a importância dos alimentos que são fonte de carboidrato na alimentação, com o intuito de reforçar as informações construídas durante a intervenção.

- *Momento degustação*: são selecionados cinco escolares de cada subgrupo para degustação de cinco alimentos, como: maçã, uva, manga, *kiwi*, pera, tangerina, beterraba, cenoura, pepino, tomate e repolho. Os participantes têm os olhos vendados para que possam identificar os alimentos utilizando o olfato e o paladar, e, a cada alimento identificado corretamente, a equipe recebe 2 pontos, a prova tem valor total de 10 pontos. Deve ser ressaltado aos escolares que, durante a degustação do colega, a equipe não pode dar dicas sobre o alimento que estará sendo experimentado. Caso isso ocorra, a equipe pode ser penalizada em 2 pontos. A pontuação final alcançada por cada subgrupo deve ser registrada para ser somada às pontuações alcançadas nas demais estações.

- *3ª estação*

Essa estação deve ser realizada na área externa da escola, em um pátio ou um local plano. Deve ser composta pelos jogos *Cabo de guerra*, *Corrida de revezamento* e *Corrida de saco*.

- *Cabo de guerra*: pode ser a primeira atividade, na qual todas as equipes se enfrentam, vencendo a equipe que conseguir puxar a equipe adversária, de modo que esta ultrapasse uma linha que deve estar demarcada no chão. A prova tem valor total de 10 pontos.
- *Corrida de revezamento*: pode ser a segunda atividade. Os integrantes dos subgrupos são colocados em fila. O primeiro corredor de cada equipe, com um bastão na mão, deve correr em determinado percurso e, ao retornar, entregar o bastão ao colega que deve

estar esperando na sua fila de origem, e assim sucessivamente, até que todos os integrantes do grupo realizem o percurso. A equipe em que o último da fila pegar o bastão e ultrapassar a linha de chegada é a vencedora. A prova tem valor total de 10 pontos.

- *Corrida de sacos*: cada equipe forma duas filas, uma de frente para a outra, com certa distância entre elas (5 metros, por exemplo). O primeiro de cada fila inicia as atividades "vestido" com um saco, e, ao início da corrida, pulando, entrega o saco ao próximo na fila, que, por sua vez, "veste" o saco e, também pulando, deve entregar ao aluno que havia dado início à corrida, e assim sucessivamente. Vence a equipe que realizar a corrida em menor tempo com todos os participantes. A prova tem valor total de 10 pontos.

Segundo momento: Caça ao tesouro

Após a realização das atividades das estações por todos os subgrupos, os grupos devem ser reunidos novamente, na área externa da escola, para realização da prova final da gincana.

- *Caça ao tesouro*: deve ser escondido, anteriormente ao início das atividades e de forma que não seja percebido pelos alunos, na área externa da escola, um tesouro, que consiste em uma pontuação extra de 200 pontos. Cada grupo recebe uma pista que leva às demais e, assim, ao tesouro escondido. A pista deve ser entregue ao líder da equipe (um professor ou um pai de aluno). O grupo que decifrar primeiro as pistas e encontrar o tesouro ganha os 200 pontos. As demais equipes recebem 50 pontos pela participação. As pistas devem ser iguais para cada equipe. Deve-se ressaltar que essa pontuação (200 pontos) pode modificar o resultado final da gincana, ou seja, um grupo com menor pontuação pode ser o grupo vencedor da gincana se vencer a *Caça ao tesouro*. Isso incentiva a participação de todos os alunos nesta atividade.

Quadro 10.3 – Sugestões de pistas

Pista 1: Maçã, manga e batatinha. A primeira pista está com quem faz a minha merendinha! *Um envelope contendo a próxima pista deve ser deixado com a merendeira.*
Pista 2: Gosto de brincar de bambolê, pular corda e jogar bola. A pista fica com quem limpa a minha escola! *Um envelope contendo a pista 3 deve ser deixado com a faxineira.*
Pista 3: Pedra, papel e tesoura, a pista está com a diretora! *Um envelope contendo a pista 4 deve ser deixado com a diretora.*
Pista 4: Para alcançar a próxima pista, você terá que realizar uma atividade de força na área externa da escola! (Árvore) *A próxima pista deve ser colocada perto de uma árvore ou sobre ela.*
Pista 5: Atividade física e boa alimentação, o tesouro está dentro do balão! *Balões coloridos devem ser espalhados na área externa da escola ou dentro de uma sala, e, dentro de um deles, deve haver um papel escrito "Tesouro".*

Após o *Caça ao tesouro*, deve ser realizada a soma das pontuações de todas as atividades: grito de guerra, 1ª, 2ª e 3ª estações e caça ao tesouro. A equipe que acumular mais pontos é a vencedora. As demais equipes devem receber o 2º e o 3º lugar na gincana de acordo com o total de pontos acumulados.

Deve-se enfatizar que todas as equipes são vencedoras e todas são premiadas de acordo com a ordem de classificação, e que os prêmios devem ficar na escola para serem utilizados por todos os escolares. A 1ª equipe classificada recebe como prêmio uma bola de futebol; a 2ª equipe classificada recebe uma corda; e a 3ª equipe, 10 bambolês. Os prêmios têm o intuito de incentivar os escolares à prática de atividade física na escola.

Terceiro momento: agradecimentos

O terceiro momento deve ser reservado aos agradecimentos da equipe do PET-Saúde a todos aqueles que estiveram envolvidos nas atividades (escolares, professores, merendeiras, diretora e coordenadora da escola), bem como aos pais dos escolares, pelo acolhimento.

Aplicação do plano: sucessos, fracassos e reflexões

O comportamento diante do encerramento foi semelhante em todas as escolas, em que a euforia das crianças e das professoras com a gincana tornou a atividade mais prazerosa. Com poucas exceções, os escolares participaram e demonstraram ter, de fato, aprendido sobre os temas abordados durante as intervenções.

Foi notável, na atividade de encerramento, a maior atenção que as crianças deram aos hábitos de vida saudáveis, após as oficinas. Elas se lembraram dos grupos de alimentos na pirâmide alimentar (principalmente os "energéticos" e "construtores"), assim como conseguiram identificar os níveis dos exercícios na pirâmide da atividade física (destacando-se as atividades diárias e as consideradas "de força"). Vale ressaltar que observamos níveis de aprendizado diferenciados em uma mesma turma, em uma mesma escola e em escolas diferentes, o que pode ser justificado pela diferença de idade entre os escolares, pelo nível de atenção dado pelas crianças às atividades do PET-Saúde ou pela dificuldade dos petianos em garantir o aprendizado de forma igualitária a todos os escolares, visto que cada criança tem suas particularidades.

Em relação às DCNTs, os escolares reconheceram os fatores de risco (como, por exemplo, os hábitos de vida não saudáveis trabalhados no PET-Saúde), as características mais evidentes de uma pessoa obesa, diabética e hipertensa, bem como as melhores alternativas para se evitar que tais doenças se agravem. Se, nas primeiras intervenções, os escolares respondiam quase "mecanicamente" que era importante comer frutas e verduras e praticar atividades físicas, na atividade de encerramento, observamos que eles não somente respondiam sobre as temáticas, mas as justificavam, reconhecendo a importância da adoção de hábitos saudáveis para a prevenção e controle das DCNTs.

Uma das crianças, ao reconhecer a insulina como o hormônio que permite que a glicose (açúcar do sangue) entre em muitas células do corpo, afirmou que "*Por isso, devemos nos alimentar direito e praticar atividade física, pra que esse 'soldadinho'* [insulina] *consiga fazer seu trabalho sem problemas!*". Em relação ao tema *Saúde óssea*, as crianças destacaram facilmente a importância do cálcio para a formação de ossos e de dentes, e identificaram alimentos como leite, iogurte e folhosos verde-escuros ("folhas verdes") como fontes desse mineral. Da mesma forma, muitos escolares souberam reconhecer o papel das atividades de impacto, como pular corda, e brincar de amarelinha, na manutenção desse tecido.

Observamos que alguns escolares ainda apresentaram dificuldades em relação aos temas *Alimentação saudável* e *Atividade física*, sendo possível o esclarecimento das dúvidas após a realização de cada prova da gincana. Esse momento foi de grande importância, pois, de forma prazerosa para as crianças, foi possível fortalecer os conhecimentos adquiridos durante o desenvolvimento das atividades do PET-Saúde nas escolas, contribuindo, assim, para a formação de um estilo de vida mais saudável.

Não podemos deixar de destacar a euforia das crianças e das professoras pela *Caça ao tesouro*, confiantes na vitória da sua respectiva equipe/cor e, consequentemente, na conquista do prêmio. Foi observada a preferência dos escolares pela bola. Todas as equipes queriam recebê-la como premiação, pois achavam que apenas a equipe vencedora poderia utilizá-la. Foi explicado, então, que os escolares poderiam brincar com todos os materiais, e isso acalmou os ânimos. Observamos um brilho nos olhos das crianças diante da premiação da gincana, em que os brinquedos foram recebidos como um grande tesouro e, com muita alegria, realizaram uma verdadeira festa com as premiações.

A equipe do PET-Saúde, por meio da articulação com a nutricionista da Secretaria de Educação do município e a comunidade escolar, tentou organizar um lanche saudável para ser servido no dia da atividade de encerramento. O objetivo era incentivar a adoção de práticas alimentares saudáveis, comprovando que um "lanche saudável" também pode ser um "lanche gostoso". Pensou-se em acrescentar frutas e verduras aos lanches, e em substituir alguns ingredientes pouco saudáveis ou pouco preferidos. Foram feitas sugestões de cardápios como sanduíches que levassem hortaliças (cenoura, beterraba, alface, tomate), uma fonte de proteína (carne moída, frango desfiado), suco natural de frutas e, de sobremesa, salada de frutas.

Todavia, mesmo promovendo a articulação antecipadamente, não foi possível colocar as ideias em prática. A solicitação feita para a nutricionista da Secretaria de Educação de uma refeição diferente da habitual, mas que não deixasse de ser, além de atrativa, nutricionalmente saudável, não pôde ser atendida, sendo necessário trabalhar com o cardápio já programado para as escolas para o dia da atividade de encerramento.

Dessa maneira, pensando-se nas características sensoriais e no valor nutricional da refeição, o grupo PET-Saúde usou recursos próprios e disponibilizou carne moída para substituir a salsicha na preparação de um "cachorro-quente" saudável, que foi servido em uma das escolas. Nas demais, foram disponibilizadas frutas como complemento da alimentação e incentivo à "sobremesa saudável". Em outras, escolares, professores, merendeiras, diretora, coordenadora e o grupo PET-Saúde se organizaram e doaram as frutas para o lanche da atividade de encerramento, quando foi preparada uma salada de frutas e montada uma grande mesa para servir o lanche.

Esse momento fez muito sucesso entre as crianças, e, quando questionadas se haviam gostado, responderam positivamente. Um dos escolares foi ainda mais sincero: "*Gostei, sim, mas todo dia, enjoa*". O momento do lanche pode ser considerado como um dos mais especiais do encerramento, pois refletiu o que a equipe construiu com os escolares durante todo o processo de intervenção: conhecimento sobre saúde e qualidade de vida, respeito, amizade, carinho e gratidão.

Ao final da atividade de encerramento, foram reservados alguns minutos para homenagens e agradecimentos. As homenagens ocorreram de forma diferenciada entre as escolas, mas todas foram especiais e importantes para o grupo. Foram apresentadas em PowerPoint®, pela direção e pelos professores, algumas fotos dos momentos do grupo durante as oficinas. Em seguida, a comunidade aproveitou para agradecer pelo trabalho desenvolvido e reconhecer que as dificuldades foram muitas, mas que eram gratos pela persistência dos petianos em superá-las. Durante os discursos de agradecimento, uma professora em especial, que no início das intervenções demonstrava certa apatia ao grupo, fez questão de pedir desculpas, ressaltando sua satisfação com o trabalho que foi realizado na comunidade escolar. A equipe do PET-Saúde foi também homenageada por meio da apresentação de versos rimados e poemas sobre frutas e legumes, exposição de desenhos feitos pelos escolares de suas frutas preferidas, e apresentação de uma peça teatral (a mesma realizada no plano *da Hipertensão arterial sistêmica*) com a história da "Dona Boca", que não sabia escolher adequadamente os hábitos de vida.

Se uma palavra pudesse definir o que os petianos sentiram enquanto assistiam à apresentação dos escolares, essa palavra seria *satisfação*. Foi como se eles estivessem dando um retorno à equipe, e dizendo "*Vejam só o que eu aprendi com vocês!*". Sem dúvidas, o ponto alto do encerramento esteve nas lindas homenagens das escolas para o PET-Saúde. Como esquecer dos abraços coletivos dados pelas crianças como forma de agradecimento? Nesses momentos, a sensação dos petianos era de emoção, de dever cumprido, de alegria e de saudade dos bons momentos vivenciados.

Por fim, agradecemos às escolas por terem acolhido o grupo PET--Saúde, e apresentamos vídeos com fotos de todos os momentos na escola. Em cada imagem, as crianças iam se identificando, relembrando determinadas atividades ou brincadeiras e rindo dos momentos de interação que foram registrados. Agradecemos a participação e colaboração de escolares, professores, diretora, coordenadora, merendeiras e pais, enfatizando que, sem o apoio deles, a intervenção não teria acontecido. Ao final, destacamos que a sementinha sobre a alimentação saudável e prática de atividade física havia sido plantada, e que passávamos à comunidade escolar a função de regá-la, para que bons frutos pudessem ser colhidos.

Referências

1. Pires DF. A importância do brincar na educação infantil [monografia de conclusão de curso]. Rio de Janeiro: Universidade Cândido Mendes; 2004.

2. Teixeira CB. A importância do lúdico na educação infantil [monografia de conclusão de curso]. Rio de Janeiro: Universidade Cândido Mendes; 2004.

3. Andrade NANV, Sousa CS. A importância do lúdico na educação infantil com crianças de cinco anos. Cadernos da FUCAMP. 2011;10(13):91-106.

4. Oliveira FS. Lúdico com instrumento facilitador na aprendizagem da educação infantil [monografia de conclusão de curso]. Araioses: Universidade Cândido Mendes; 2010.

5. Ravelli APX, Mota MGC. O lúdico e o desenvolvimento infantil: um enfoque na música e no cuidado de enfermagem. Rev Bras Enferm. 2005;58(5):611-3.

PARTE 2

Envolvendo a comunidade escolar em ações de promoção da saúde

II

Pais

Fernanda Menezes dos Santos
Liliana Cardoso dos Santos Souza
Aline dos Santos Rocha
Jociéli Moura dos Santos Braga
Jamily Araujo Souza
Teresa Maria Bianchini de Quadros

A família é um componente essencial para a construção do conhecimento dos escolares, pois a participação dos pais nas intervenções sobre saúde visa ao fortalecimento das ações educativas.[1] Por meio dos benefícios gerados pela prevenção de doenças, pode-se considerar que a preferência por bons hábitos alimentares da família faz parte do cuidado à saúde dos escolares.[2] Da mesma forma, ao compartilharem momentos de atividade física, os pais influenciam seus filhos por meio da adoção de uma rotina mais ativa.[3]

Por fazerem parte dos hábitos de vida das crianças, é necessário que os pais as orientem quanto à adoção de comportamentos ativos e alimentares saudáveis desde os primeiros anos da infância.[1] Deve-se considerar que os demais integrantes da comunidade escolar, além dos pais, também são responsáveis pela promoção de hábitos de vida que auxiliem na prevenção da obesidade e outras doenças crônicas não transmissíveis.[4] Além disso, o tempo destinado ao uso de aparelhos eletrônicos, como *videogames*, computadores e televisão, tem sido muito superior ao tempo destinado à prática de atividades físicas.[2] As mudanças relacionadas ao local em que as refeições são realizadas influenciam a qualidade da dieta dos brasileiros.[5] Nesse contexto alimentar, os meios de comunicação têm investido em propagandas que exaltam os chamados *fast-foods*, contribuindo para a valorização de alimentos com densidade calórica elevada.[6]

Ao incluir os pais em programas que combatem a atual transição nutricional, eles se tornam facilitadores no processo de educação dos escolares, tornando-se, para além de espectadores, atores desse processo. Para que as informações transmitidas à família sejam satisfatórias, é preciso apresentá-las por meio de uma postura que garanta a adesão a novos hábitos.[7] Mediante planejamento didático que integre a equipe de saúde, a família e a escola,[8] é interessante discutir com os pais as potencialidades que o espaço escolar propicia para o aprendizado sobre qualidade de vida.[9]

A partir do momento em que a família adota hábitos mais saudáveis, a criança tende a reconhecê-los como parte da sua rotina. Por isso, o vínculo precisa ser fortalecido e renovado, a cada dia, pelas pessoas que compõem o núcleo familiar.[10] Quanto mais os pais se fizerem presentes nas atividades propostas, melhores serão os resultados.

Inclusão dos pais nas atividades do PET-Saúde

De acordo com nossas experiências, o primeiro instrumento de inclusão dos pais se deu por meio dos próprios escolares. Diversas atividades solicitadas para casa precisavam da participação das famílias nas respostas, pois havia questões que abordavam seus hábitos de vida e o conhecimento em relação aos assuntos trabalhados pelo programa, induzindo sua reflexão sobre saúde (*vide* Capítulos 2 a 9). Além disso, a própria reprodução do que as crianças aprenderam e realizaram durante as aulas tornou-se um incentivo para que os pais se interessassem em participar das atividades do PET-Saúde.

O próximo passo, que buscou incluir as famílias também como agente promotor da saúde dos escolares, consistiu na programação de reuniões. Mediante esses encontros, as propostas do programa foram apresentadas, e temas abordados com as crianças e discussões sobre as temáticas ganharam espaço na atenção do público. O primeiro contato, organizado por meio de um plano de trabalho específico para os pais (Quadro 11.1) buscou conquistar a confiança das famílias na qualidade do trabalho apresentado. Para isso, o grupo destacou seus objetivos de forma séria, mas sendo agradável o suficiente para que os pais se sentissem à vontade em perguntar, opinar, interagir e relatar suas próprias vivências.

Quadro 11.1 – Plano de trabalho da primeira reunião com os pais

Identificação do plano de trabalho
Público-alvo: Pais dos escolares do Ensino Fundamental I **Tema**: A família na Promoção da Saúde do Escolar **Conteúdo**: Apresentação do PET-Saúde e sua principal abordagem **Duração média do plano**: 90 minutos
Recursos materiais
▪ Sala de aula ▪ *Data show* ▪ Cartilhas educativas
Procedimentos didático-metodológicos
▪ Apresentação do PET-Saúde, de seus integrantes e de sua proposta com os pais e a comunidade escolar. ▪ Apresentação dos pais, identificando seus respectivos filhos. ▪ Apresentação do tema a ser abordado, com constante incentivo a discussões, relatos e opiniões dos participantes. ▪ Proposta aos pais de novos hábitos benéficos à saúde, seguida de uma nova data para a segunda reunião. ▪ Distribuição de cartilhas educativas que resumam o conteúdo abordado na reunião.

Continua

Continuação

Objetivos
▪ Conhecer os pais ou responsáveis pelos escolares. ▪ Deixar as famílias a par da proposta do PET-Saúde. ▪ Indicar os principais problemas relacionados a hábitos alimentares inadequados, comportamento sedentário e prática insuficiente de atividades físicas presentes nas famílias brasileiras, enfatizando as características regionais. ▪ Instigar os pais a refletirem sobre os malefícios oriundos da alimentação inadequada, comportamento sedentário e prática insuficiente de atividades físicas. ▪ Estimular as famílias a se interessarem e se engajarem na proposta do PET-Saúde.
1º momento
Conhecendo as propostas do PET-Saúde Organizados preferencialmente em círculo, cada pai deve se identificar e dizer, também, o nome de seu filho. O primeiro contato com os pais deverá incluir, além das formais apresentações, uma clara descrição do projeto e seus principais objetivos.
2º momento
Consiste em uma conversa em que o grupo PET-Saúde deve pontuar os principais problemas relacionados aos hábitos alimentares inadequados, comportamento sedentário e prática insuficiente de atividades físicas presentes nas famílias brasileiras (enfatizando as características regionais). O método utilizado para esse debate é o da pesquisa-ação, e pode seguir os tópicos a seguir: ▪ Os novos hábitos alimentares e suas repercussões desde a infância à vida adulta. ▪ A redução da prática de atividade física: os prejuízos oriundos da tecnologia. ▪ Os hábitos de gerações passadas: O que mudou? O que permaneceu? ▪ É importante que os comentários ou perguntas não sejam indutores, para que os pais se sintam à vontade em relatar seus hábitos de vida.
3º momento
Consiste em uma apresentação, por meio de *slides*, sobre a pirâmide alimentar, os 10 passos para uma alimentação saudável, e dicas para aumentar a prática de atividades físicas. O tempo destinado para esse momento pode levar cerca de 30 minutos.

Continua

Continuação

Avaliação
Por meio dos relatos e do retorno dos pais, será possível observar alguns problemas relacionados tanto aos hábitos alimentares inadequados quanto ao comportamento sedentário e à prática insuficiente de atividades físicas. O resultado da primeira reunião pode indicar outros métodos de abordagem para a próxima reunião, ou ideias de novas temáticas a serem trabalhadas.
Propostas para os pais
▪ Tentar melhorar os hábitos alimentares, evitar o comportamento sedentário e aumentar a prática de atividades físicas. ▪ Estimular seus filhos a falarem o que aprendem durante as atividades do PET-Saúde na escola. Espera-se que os resultados sejam compartilhados no próximo encontro.
Observações
Observação 1: marcar com os pais a data mais apropriada para uma segunda reunião. *Observação 2*: ao final da reunião, distribuir as cartilhas com o resumo do conteúdo abordado. *Observação 3*: é preferível que os escolares não estejam presentes.

As primeiras considerações da reunião foram baseadas em uma conversa, na qual o grupo PET-Saúde pontuou os principais problemas relacionados aos hábitos alimentares e ao comportamento sedentário presentes nas famílias brasileiras (enfatizando as características regionais). O método utilizado para esse debate foi o da pesquisa-ação, no qual Betti[11] interpreta que, segundo o conceito definido pelo sociólogo Michael Thiollent, as pessoas que estão envolvidas na intervenção, assim como os pesquisadores, participam ativamente dela, envolvendo-se nos fatos observados.

É importante destacar que os comentários e as perguntas não foram indutores, para que os pais pudessem se sentir à vontade em relatar seus hábitos de vida. Há diversos trabalhos disponíveis que abordam o tema da transição nutricional, o comportamento sedentário e suas consequências. Alguns deles podem ser verificados na lista de referências deste capítulo.

O plano de trabalho referente ao segundo encontro com as famílias (Quadro 11.2) retomou os principais questionamentos do primeiro, mas priorizou a discussão sobre mitos e verdades relacionados à alimentação e à atividade física. Tais curiosidades podem também ser abordadas no primeiro encontro, caso seja viável realizar apenas uma reunião.

Quadro 11.2 – Plano de trabalho da segunda reunião com os pais

Identificação do plano de trabalho
Público-alvo: Pais dos escolares do Ensino Fundamental I **Tema**: Mitos e verdades sobre alimentação e atividade física **Conteúdo**: Dinâmica com discussões sobre os alimentos e as práticas de atividades físicas **Duração média do plano**: 90 minutos
Recursos materiais
▪ Sala de aula ▪ Aparelho de som ▪ Caixa pequena ou média ▪ Fichas/cartões contendo mitos e verdades sobre os alimentos e a prática de atividades físicas
Procedimentos didático-metodológicos
▪ Exposição do assunto a ser abordado, com constante incentivo à participação, discussões, relatos e opiniões dos pais. ▪ Execução da dinâmica de grupo. ▪ Reforço aos pais da importância em adotar novos hábitos benéficos à saúde.
Objetivos
▪ Desenvolver uma ação educativa, voltada para a divulgação e a troca de conhecimentos a respeito da adoção de hábitos alimentares saudáveis e as práticas de atividades físicas para a prevenção de doenças. ▪ Incentivar a integração dos pais por meio da dinâmica de grupo. ▪ Promover discussões acerca dos mitos e das verdades sobre hábitos de vida, bem como análise do reflexo que elas têm sobre a saúde. ▪ Estimular as famílias a continuarem engajadas nas atividades do PET-Saúde e a participarem das atividades de encerramento com seus filhos e toda a equipe da escola.

Continua

Continuação

1º momento

Consiste de uma conversa com os pais dos escolares a respeito da primeira reunião. Os pais devem ser questionados se houve mudanças após a apresentação da pirâmide alimentar e da pirâmide da atividade física, e se estão colocando em prática as dicas que receberam após o primeiro contato. Organizados em círculo, cada pai que se sentir à vontade pode contar sua experiência.

2º momento

Deve ser realizada uma dinâmica, cujo objetivo é esclarecer possíveis dúvidas das famílias a respeito dos mitos e das verdades sobre os alimentos e as práticas de atividades físicas. Ainda organizados preferencialmente em círculo, será colocada uma canção e, enquanto a música toca, os pais têm que repassar uma caixa contendo cartões com mitos e verdades sobre alimentação e atividade física. No momento em que a música parar, aquele que estiver com a caixa na mão deve ler o cartão e opinar se a informação se trata de mito ou verdade. Em seguida, as dúvidas serão esclarecidas para todo o grupo.

Atenção! Caso algum pai demonstre constrangimento para ler o cartão, o responsável pela atividade deve imediatamente tomar a iniciativa de ler por ele.

Sugestões de mitos e verdades

O café causa batimentos cardíacos irregulares.

MITO. Se você sofrer de arritmia – batimentos cardíacos irregulares – parece sábio restringir a cafeína, mas não é preciso bani-la totalmente. Alguns especialistas acham que indivíduos com batimentos cardíacos irregulares deveriam beber apenas duas xícaras de café por dia. Em contrapartida, altas doses de cafeína, como as encontradas em nove ou dez xícaras de café, podem agravar arritmias ventriculares preexistentes.[12]

O abacate não é uma fruta muito saudável, pois contém alto teor de gordura.

MITO. O abacate tem grandes concentrações do mesmo tipo de gordura existente na amêndoa e no azeite de oliva. Embora ele tenha alto teor de gordura, sua grande parte é monoinsaturada, que tende a melhorar o colesterol e a proteger as artérias, em vez de destruí-las.[12]

Continua

Continuação

Os alimentos de cor alaranjada proporcionam uma boa saúde para a nossa visão.

VERDADE. Os carotenoides são corantes naturais presentes nas frutas (mamão, laranja, manga), legumes (cenoura, abóbora), raízes, aves e crustáceos. Esses pigmentos vão do amarelo a cor avermelhada. Os carotenoides são capazes de ser convertidos em vitamina A e, como tal, desempenhar um papel importante para o nosso organismo, como: diminuição do risco de doenças degenerativas, prevenção da formação de catarata e redução da degeneração macular relacionada ao envelhecimento.[13]

O consumo de sobremesa à base de leite após as refeições principais atrapalha a absorção do ferro pelo nosso organismo.

VERDADE. Os alimentos à base de leite são ricos em cálcio, e estudos já apontaram que esse mineral interfere na absorção do ferro em nível intestinal.[14]

Pessoas ficam acima do peso apenas porque comem muito.

MITO. Embora a maioria dos casos de obesidade esteja relacionada ao comportamento alimentar e sedentarismo, fatores genéticos também podem influenciar para o desenvolvimento dessa doença crônica.[15]

Quando quero perder peso, o ideal é praticar atividade física em jejum.

MITO. O metabolismo da gordura depende da presença do carboidrato. Se o estoque de carboidrato for depletado não há como metabolizar a gordura e, consequentemente, dificulta o emagrecimento. Além disso, a prática de exercícios físicos em jejum pode causar hipoglicemia e hipotensão arterial.[16]

Correr ou andar com agasalho ajuda a emagrecer.

MITO. À medida que a temperatura interna aumenta, a produção de suor consequentemente sofre um aumento, pois a evaporação desse suor é o principal modo de dissipação térmica durante o exercício. Porém, quando não ocorre a evaporação, não há perda de calor, mas, sim, a perda inútil de água e sais minerais. Esse quadro pode causar hipertermia e desidratação.[16]

É normal sentir dor após a prática de atividade física.

VERDADE. A atividade física provoca sobrecarga mecânica ocasionando danos musculares, o que leva o indivíduo a sentir dores. No entanto, a dor é esperada apenas quando se inicia a prática (nas primeiras semanas) e/ou quando se realiza uma atividade muito intensa.[17]

Continua

Continuação

Crianças não devem fazer atividades de força/resistência muscular.
MITO. Os exercícios resistidos podem ser realizados na infância e na adolescência, desde que sejam prescritos e orientados por um professor de Educação Física, tenham carga moderada e foco no aperfeiçoamento do gesto motor.[18]
Cãibra indica desidratação.
VERDADE. A perda hídrica pela sudorese induzida pelo exercício, em particular, o realizado em ambientes quentes, pode levar à desidratação e alterar o equilíbrio hidroeletrolítico.[19]
Crianças não devem fazer atividades de impacto.
MITO. Para o aumento da resistência dos ossos e da densidade mineral óssea, os exercícios que promovem impactos, como o voleibol e a ginástica artística, são de grande importância. As atividades de impacto realizadas durante a infância e a adolescência são relacionadas positivamente com o aumento da massa óssea na fase adulta.[18]
Avaliação
Por meio dos relatos e do retorno dos pais, será possível analisar e discutir sobre os mitos envolvendo a alimentação e a atividade física, que, muitas vezes, acredita-se que sejam verdadeiros, e fornecer orientações corretas quanto aos hábitos saudáveis.
Observação
Convidar os pais e/ou responsáveis para o encerramento das atividades do PET-Saúde.

Propor novos hábitos de vida também fez parte da nossa estratégia de inclusão dos pais no processo de aprendizagem dos escolares. A equipe do PET-Saúde buscou, por meio de discussões sobre a emergência de doenças crônicas não transmissíveis (DCNTs), gerar questionamentos nas famílias. O início da mudança esteve no reconhecimento de que é preciso valorizar as ações de promoção da saúde, e a realidade da problemática se encontra presente na população. Para isso, foi necessário alcançar o objetivo de fazer com que as famílias se interessassem pela proposta, e quisessem, de fato, contribuir com o trabalho realizado.

Subsídio aos pais para a promoção da saúde no ambiente familiar

Um passo importante para subsidiar as famílias a promover saúde dentro de casa foi considerar os escolares como auxiliadores dos pais. Ao serem incentivados pelos próprios filhos, eles utilizaram as recomendações apresentadas pelos petianos, pondo em prática as reflexões sobre os riscos à saúde associados ao comportamento sedentário e à alimentação inadequada.

As reuniões realizadas constituíram um método eficaz para que as famílias pudessem sentir-se participantes do processo de educação dos escolares. Nas apresentações orais, os temas de maior interesse à saúde pública foram abordados de maneira interativa, com o auxílio de um *data show*. A fim de enriquecê-las, foram entregues aos pais cartilhas com orientações sobre saúde e qualidade de vida, organizadas pela equipe do PET-Saúde exclusivamente para este fim. O conteúdo da primeira cartilha (Figura 11.1) foi extraído do Guia Alimentar Brasileiro,[20] que apresenta os *Dez passos para uma alimentação saudável*, e o conteúdo da segunda cartilha (Figura 11.2), contendo seis dicas sobre a prática de atividades físicas, foi elaborado pelos próprios petianos.

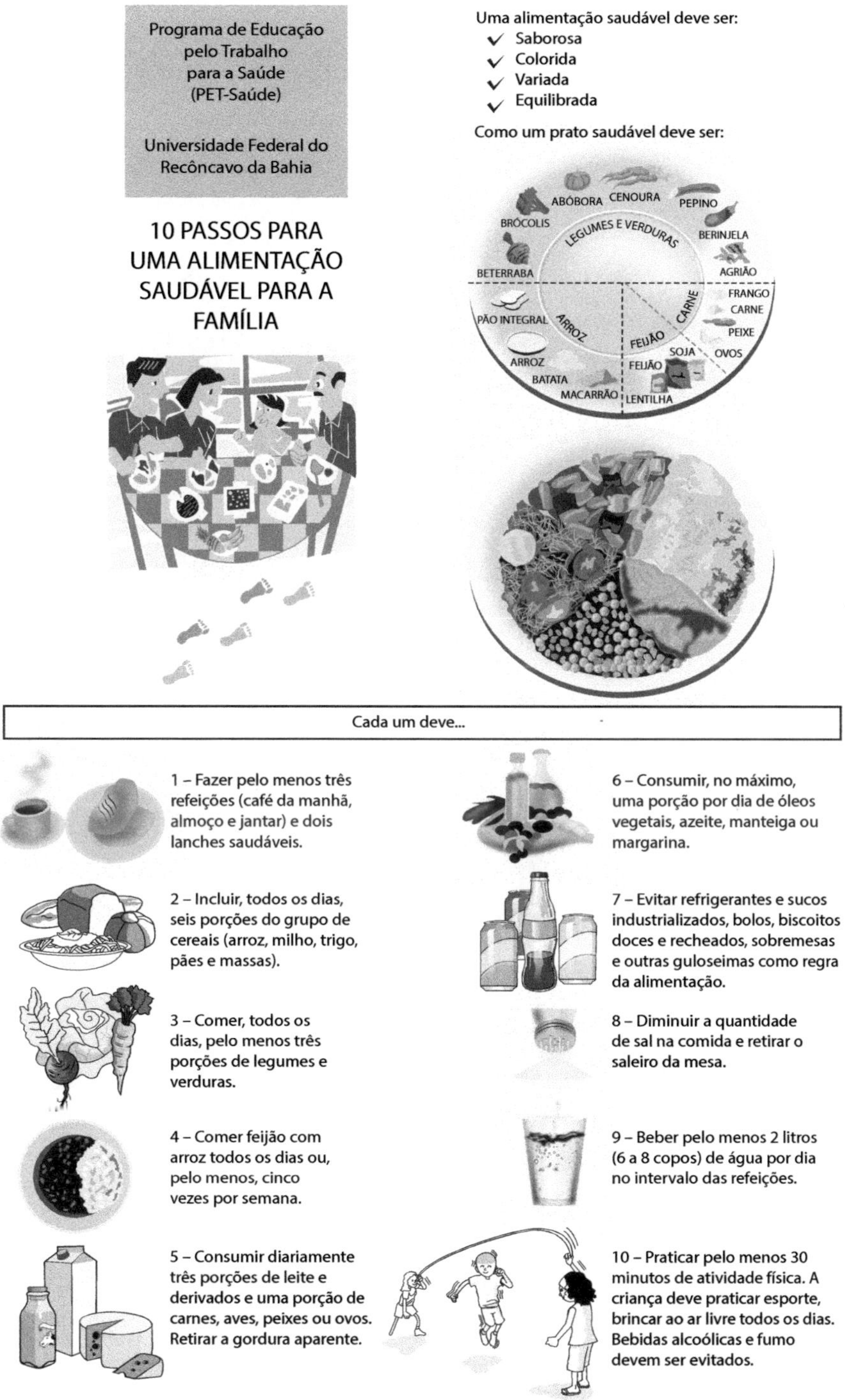

Figura 11.1 – Dez passos para uma alimentação saudável.

Figura 11.2 – Dicas sobre a prática de atividades físicas.

Como estratégia para conquistar a confiança das famílias em relação ao trabalho do PET-Saúde, os tutores e as preceptoras do programa acompanhavam os discentes petianos nas reuniões e faziam a apresentação do programa. Estar em contato com professores universitários, médicos, nutricionistas ou outros agentes relacionados ao processo de saúde e doença fez os pais valorizarem as reuniões e, consequentemente, ficarem atentos aos temas discutidos. Nesse momento, e apoiadas nas propostas de hábitos saudáveis, as famílias puderam ser orientadas quanto à maneira mais adequada de promover mudanças significativas na saúde dos seus filhos.

Sucessos, fracassos e reflexões

As reuniões contaram com um número significativo de pais, e o fato de muitos serem trabalhadores rurais e virem diretamente da lavoura para os encontros nas escolas valorizou ainda mais sua presença. Foi satisfatório enxergar a boa vontade do público-alvo, afinal, os petianos dependiam de sua colaboração para alcançar o objetivo principal do programa.

Após o primeiro contato com os pais, no qual eles se apresentaram, a equipe do PET-Saúde se identificou, explicitando seus objetivos. Foi esclarecido que o programa visava orientar as famílias, para que as crianças pudessem incorporar o que aprendessem, dessem mais atenção à boa alimentação e aumentassem sua prática de atividades físicas.

Entre os recursos utilizados para chamar a atenção das famílias, os petianos apresentavam imagens e vídeos dos escolares durante as oficinas já realizadas. A iniciativa se deu pelo fato de que, embora os pais se interessassem pelos temas abordados, pôde-se perceber que a satisfação dependia de um motivo especial: *o assunto principal ser os seus filhos*. Apresentar as temáticas abordadas com os escolares e exibir a participação de cada um deles tornou o assunto mais interessante para as famílias. Pense em um pai sendo convidado a uma reunião, cuja recepção seria: "Olá! Queremos apresentar para você a importância de cuidar da própria saúde!". Agora, substitua por

"Queremos apresentar para você a importância de cuidar da saúde do *seu filho*!". É mais provável que a segunda alternativa desperte maior interesse das famílias, afinal, é uma reunião na escola, em que deve ser priorizado o cuidado às crianças. Considerando a importância dos recursos visuais, foi interessante planejar a primeira reunião com os pais após, pelo menos, uma oficina com os escolares. Dessa forma, houve tempo para fazer o registro fotográfico de algumas atividades realizadas com os escolares para apresentar às famílias na primeira reunião.

Como o primeiro momento da reunião foi organizado de acordo com o método da pesquisa-ação, o diálogo acerca dos seus hábitos de vida contou com a participação de todos os pais. Durante a discussão a respeito do que significa atividade física e exercício físico, bem como da sua importância para manter a saúde da família, o público aprovou as observações feitas. Contudo, muitos confirmaram que, algumas vezes, preferem que a criança fique quieta se distraindo com algum programa de televisão ou jogo eletrônico, mesmo entendendo que essa não é a alternativa mais saudável. Alguns pais relataram ainda que seus filhos, ao chegarem da escola, almoçam e vão imediatamente assistir televisão, e permanecem nessa atividade por toda a tarde.

Uma observação, feita por uma das mães, merece destaque: "*A televisão ensina coisas boas e coisas ruins*". Por meio dessa fala, foi possível discutir o papel da mídia como influenciadora nas escolhas das crianças, considerando que, a todo o momento, diversas campanhas publicitárias exaltam alimentos ricos em sal, em açúcar e em gordura, sendo a maioria direcionada ao público infantil.

Os hábitos alimentares da família também foram um dos temas principais. Observou-se que as famílias têm, no quintal de casa, fontes de frutas, de verduras e de legumes, e que, muitas vezes, são ignoradas. Foi possível observar, pelo discurso de alguns pais, que a maior parte dos escolares não apresentava dificuldades em aceitar os alimentos, embora dentro da mesma família houvesse crianças com mais apetite do que seus irmãos.

Destacaram-se, ainda, relatos de escolares que têm aversão aos alimentos *in natura*, ou seja, retirados diretamente da natureza (como frutas e legumes), rejeitando, inclusive, o lanche da escola.

Quanto às preferências alimentares, alguns pais mencionaram que, diferentemente da época deles, quando as frutas eram o lanche mais presente, seus filhos priorizam o consumo de alimentos industrializados. Nesse momento, foi discutido o importante papel que a família exerce nas escolhas alimentares da criança, afinal, quem custeia tais alimentos são os próprios pais. A escola e a família precisam estar unidas na promoção de hábitos de vida saudáveis para toda a comunidade, para que se mantenha, em casa ou no ambiente escolar, uma parceria entre esses dois setores. Diante da temática abordada, todos os pais participaram e demonstraram-se preocupados e dispostos a refletir sobre o que têm ensinado aos seus filhos.

No último momento da reunião, foram apresentadas as pirâmides alimentar e da atividade física, seguidas pelas orientações em prol da adoção de hábitos saudáveis. Algumas dessas informações já haviam sido transmitidas aos pais pelas próprias crianças, por meio das oficinas previamente realizadas pelo PET-Saúde. Perceber que o conhecimento adquirido pelos escolares era reproduzido aos pais, confirmou a expectativa da equipe em poder tornar os filhos uma "ponte" pela qual as famílias seriam incluídas em todo o processo de aprendizagem. A estratégia de utilizar os filhos como ponte é válida, considerando-se a impossibilidade de realizar encontros com os pais na mesma frequência com que se pode realizar com os escolares, além do fato de que ouvir das crianças novas informações e perceber o quanto estão aprendendo, gera satisfação às famílias.

A proposta inicial do grupo PET-Saúde incluía, pelo menos, duas reuniões com os pais, entretanto, na maioria das escolas, foi possível realizar apenas uma. É interessante ressaltar que somente a primeira reunião foi previamente elaborada, para que seus resultados permitissem aos petianos selecionar as discussões mais pertinentes para os próximos encontros. Essa flexibilidade foi pensada em razão das diferentes realidades e interesses que poderiam ser apresentados pelo público interessado, afinal, o grupo precisava certificar-se de que os planos de trabalho estavam alcançando os objetivos esperados.

Nas escolas em que houve um segundo encontro, foram abordados mitos e verdades relacionados à alimentação e à atividade física, despertando a curiosidade de todos e gerando um momento de descontração, pois cada pai acreditava em, pelo menos, um mito apresentado. A temática foi interessante por ter sido desenvolvida com base em uma discussão realizada na primeira reunião. Dessa maneira, o desenrolar da conversa aconteceu de forma positiva, em especial, pelo fato de os próprios pais terem sugerido o tema da reunião.

O fracasso com o número de encontros deveu-se, sobretudo, à dificuldade com o deslocamento das famílias até as escolas, e às falhas no contato (envio dos convites) entre a direção da escola e os pais. Deve-se considerar que os pais, sendo a maioria trabalhadora rural, têm dificuldade de se ausentar do trabalho, principalmente por dependerem do transporte público para estarem presentes em todas as reuniões. Além disso, o período de permanência do grupo PET-Saúde na comunidade escolar deveria obedecer a um cronograma preestabelecido, sendo este prejudicado também por feriados, que interferiram no reajuste de novas datas convenientes para uma segunda ou terceira reunião. Ainda assim, a boa participação e o interesse dos pais durante o primeiro encontro garantiu aos petianos a certeza de que as propostas desenvolvidas estavam bem encaminhadas. O grupo aproveitou a reunião para convidar os pais a participarem, com toda a comunidade escolar, da atividade de encerramento do PET-Saúde nas escolas.

Por meio de nossa experiência, pode-se sugerir que, antes de tentar habituar os pais às novas informações, é importante adaptar-se à realidade deles, atentando-se, também, à maneira mais adequada de abordar os conteúdos. O sucesso do primeiro contato com as famílias garante um excelente prognóstico sobre os planos de trabalho posteriores, permitindo que a educação em saúde e em qualidade de vida ultrapasse os limites da comunidade escolar. Nós, petianos, acreditamos que nada enriqueceu mais as oficinas do que a participação dos pais no desenvolvimento desse trabalho. Incluí-los no programa é de fundamental importância para a conquista dos resultados esperados, e conseguir conscientizá-los do seu papel nesse processo de aprendizagem pode garantir benefícios duradouros para toda a família.

Referências

1. Rossi A, Moreira EAM, Rauen MS. Determinantes do comportamento alimentar: uma revisão com enfoque na família. Rev Nutr. 2008;21(6):739-48.

2. Corso ACT, Caldeira GV, Fiates GMR, Schmitz BAS, Ricardo GD, Vasconcelos FAG. Fatores comportamentais associados ao sobrepeso e à obesidade em escolares do Estado de Santa Catarina. Rev Bras Estud Popul. 2012;29(1):117-31.

3. Cheng LA, Mendonca G, Farias Jr. JCD. Physical activity in adolescents: analysis of the social influence of parents and friends. J Pediatr. 2014;90(1):35-41.

4. Fernandes PS, Bernardo CO, Campos RMMB, Vasconcelos Francisco AG. Avaliação do efeito da educação nutricional na prevalência de sobrepeso/obesidade e no consumo alimentar de escolares do ensino fundamental. J Pediatr. 2009;85(4):315-21.

5. Bezerra IN, Souza AM, Pereira RA, Sichieri R. Consumo de alimentos fora do domicílio no Brasil. Rev Saúde Pública. 2013;47(1):200-11.

6. Lang RMF, Nascimento AND, Taddei JADAC. A transição nutricional e a população infanto-juvenil: medidas de proteção contra o marketing de alimentos e bebidas prejudiciais à saúde. Nutrire Rev Soc Bras Aliment Nutr. 2009;34(3):217-29.

7. Almeida-Bittencourt PAD, Ribeiro PSA, Naves MMV. Estratégias de atuação do nutricionista em consultoria alimentar e nutricional da família. Rev Nutr. 2009;22(6):919-27.

8. Bizzo MLG, Leder L. Educação nutricional nos parâmetros curriculares nacionais para o ensino fundamental. Rev Nutr. 2005;18(5):661-7.

9. Zancul MDS, Valeta LN. Educação nutricional no ensino fundamental: resultados de um estudo de intervenção. Nutrire Rev Soc Bras Aliment Nutr. 2009;34(3):125-40.

10. Schmitt ACAN, CostenaroI RGS, Rangel RF, Ferreira CLL, Lacerda MR. Mudanças no comportamento e desenvolvimento do escolar a partir do cuidado à família. Rev Bras Enferm. 2013;66(5):682-7.

11. Betti, M. Imagens em avalia-ação: uma pesquisa-ação sobre o uso de matérias televisivas em aulas de educação física. Educ Rev. 2010;12(2):137-52.

12. Carper, J. Alimentos: o melhor remédio para a boa saúde. Campos: Elsevier; 1995.

13. Silva SRD, Mercadante AZ. Composição de carotenóides de maracujá-amarelo (Passiflora edulis flavicarpa) in natura. Ciênc Tecnol Aliment. 2002;22(3): 254-8.

14.Ybarra LM, Costa NMB, Ferreira CLLF. Interação cálcio e ferro: uma revisão. Nutrire Rev Soc Bras Aliment Nutr. 2001;22:85-107.

15. Enes CC, Slater B. Obesidade na adolescência e seus principais fatores determinantes. Rev Bras Epidemiol. 2010;13(1):163-71.

16. Powers SK, Howley PT, Howley ET. Teoria e aplicação ao condicionamento e ao desempenho. Barueri: Manole; 2009.

17. Foschini D, Prestes J, Charro MA. Relação entre exercício físico, dano muscular e dor muscular de início tardio. Rev Bras Cineantropom Desempenho Hum. 2007;9(1):101-6.

18. Lima M, Cayres SU, Agostinete RR, Ito IH, Fernandes RA. Estabilidade da prática esportiva durante a infância/adolescência e densidade mineral óssea na idade adulta. Rev Bras Ativ Fis Saúde. 2013;18(4):445-52.

19. Machado AMC, Vimieiro AG, Silami EG, Rodrigues LOC. Hidratação durante o exercício: a sede é suficiente? Rev Bras Medo Esporte. 2006;12(6):405-9.

20. Brasil. Ministério da Saúde. Secretaria de atenção à saúde. O guia alimentar da população brasileira: promovendo a alimentação saudável. Brasília: Ministério da Saúde; 2006.

12

Merendeiras

Liliana Cardoso dos Santos Souza
Fernanda Menezes dos Santos
Aline dos Santos Rocha
Jociéli Moura dos Santos Braga
Vanessa Barbosa Facina

As práticas alimentares resultam de experiências e são influenciadas pelo convívio social, pela cultura e pelo conhecimento científico de cada período histórico.[1] Por meio dessas práticas, as sociedades expressam-se, diferenciam-se das demais,[2] desenvolvem costumes e originam significados, intrínsecos e extrínsecos, ao ser humano.[3,4] Visto que o hábito alimentar é adquirido com base nas práticas experienciadas desde a infância[5] e que essas práticas são influenciadas, também, pela interação social, destaca-se que o estímulo, na infância, à realização de refeições coletivas pode contribuir para a segurança alimentar e nutricional, e para uma refeição nutricionalmente adequada.[6]

A alimentação na escola compreende uma oportunidade para o desenvolvimento de hábitos alimentares saudáveis, além de que, para a saúde do escolar, a alimentação é um aspecto fundamental[1] e pode ser considerada uma das atividades mais importantes, pois ultrapassa as necessidades biológicas, envolvendo aspectos econômicos, políticos, científicos, psicológicos e socioculturais.[7] O momento da refeição, influenciado por diversos fatores, tende a gerar prazer e descontração entre os escolares[8] devendo-se, então, aproveitá-lo para a realização de intervenções voltadas à educação alimentar e nutricional.[9] A implantação de ofertas que influenciem os escolares a optarem por alimentos mais nutritivos é uma estratégia que depende muito da participação das merendeiras, que são os agentes responsáveis pelo preparo da alimentação escolar.[10]

Fundamentais na educação das crianças, as merendeiras exercem um papel que exige integração entre elas e os educadores,[11] em especial, por participarem diretamente da alimentação escolar. Ao conviverem e cultivarem vínculos com os escolares, elas influenciam para que a escola seja um local propício a ações educativas e auxiliam na promoção de hábitos alimentares saudáveis.[10] Dessa maneira, quando se reconhece o papel da merendeira no funcionamento da escola, as crianças aprendem, também, a valorizar os alimentos.[12]

Um importante passo para a inclusão das merendeiras na promoção da saúde do escolar compreende a capacitação profissional, que pode ser feita por meio de programas de formação que abordem desde a funcionalidade dos alimentos até as doenças causadas pelo consumo de produtos contaminados ou inadequados.[13,14] Além disso, ao priorizarem o valor nutricional do alimento, bem como sua sazonalidade e disponibilidade, as merendeiras contribuem para melhorar economicamente o planejamento dos cardápios e, sobretudo, a qualidade das refeições.[15] Para formar merendeiras críticas, os conteúdos abordados devem possibilitar o desenvolvimento da autonomia delas, valorizando sua consciência e sua competência para desempenhar seu papel na escola.[11]

Pelo fato de a escola ser um ambiente que permite o aprendizado e capaz de empoderar a comunidade a adotar hábitos alimentares mais saudáveis,[9] incluir as merendeiras como público-alvo de ações educativas torna-se um importante método para proporcionar aos escolares a vivência, na própria escola, do que se aprende durante as intervenções.

A inclusão das merendeiras nas ações educativas do PET-Saúde

Considerando o importante papel das merendeiras na comunidade escolar,[12] as ações educativas promovidas pelo grupo PET-Saúde devem focar, também, na participação dessas agentes nas atividades. No entanto, alguns pontos importantes devem ser pensados, como: a melhor maneira de incluí-las nas atividades, a técnica de abordagem utilizada no plano de trabalho dessas agentes e qual o conteúdo a ser abordado com esse público.

Destaca-se a importância de verificar o conhecimento prévio, as dificuldades enfrentadas e os assuntos de interesse das merendeiras, para que a abordagem seja profícua para ambos os lados. Segundo Schnetzler:[16]

> [...] precisamos saber identificar as concepções prévias de nossos alunos e, em função delas, devemos saber planejar, desenvolver, aplicar e avaliar atividades e procedimentos de ensino que promovam conflitos em nossos alunos, e lhes possibilitem construir e utilizar concepções cientificamente aceitas. (p. 21)

Para a obtenção dessas informações, sugere-se a aplicação de um questionário de conhecimento prévio (*vide* Quadro 1.2, no Capítulo 1), cuja principal finalidade está na construção de uma proposta participativa sobre o conteúdo que será abordado na oficina a ser realizada com esse público. O questionário deve ser capaz de subsidiar o plano de trabalho que será desenvolvido, além de fornecer informações socioeconômicas, em particular, escolaridade.[17] Deve, ainda, conter perguntas referentes aos temas pensados para se trabalhar, por exemplo, higienização (pessoal, alimentar e ambiental), alimentação saudável, técnicas dietéticas adequadas para o melhor aproveitamento dos nutrientes, técnicas e preparações para o uso de partes não convencionais dos alimentos.[18]

A aplicação do questionário deve ocorrer no início das atividades na escola, quando da realização do plano de trabalho referente à observação, pois, nesse momento, são maiores as chances de se obterem informações mais fidedignas. O andamento dos trabalhos na escola pode gerar um viés nas respostas das merendeiras, pois, como toda a comunidade escolar estará imersa em conceitos e ações acerca da alimentação saudável e da prática de atividade física, as respostas dadas ao preenchimento do questionário de conhecimentos prévios podem estar influenciadas pelas informações divulgadas em outros planos de trabalho. Deve-se ainda ter um cuidado especial com a linguagem utilizada, que deve ser adequada para o público em questão.

Após o diagnóstico inicial dos conhecimentos apresentados por essas profissionais, aplica-se o plano de trabalho das merendeiras, que deve enfatizar o papel que a merendeira desempenha na escola, orientar essas profissionais à adesão de boas práticas de higiene, demonstrar a importância da alimentação saudável na infância e, finalmente, destacar a influência do ambiente escolar nos hábitos de consumo.[19] É sabido que a alimentação escolar deve ofertar refeições nutricionalmente adequadas às crianças,[20] e conscientizar as profissionais que preparam tais refeições sobre o seu papel na promoção da saúde dos escolares é um dos primeiros passos para incluí-las nas atividades do PET-Saúde. O interesse pelo espaço de trabalho das merendeiras também se constitui um método de incentivo à sua participação nas propostas, pois entrar em seu ambiente de trabalho, provar as preparações feitas por elas e interessar-se por sua rotina faz parte de estratégias que permitem a essas profissionais sentirem-se parte do programa.[21] Portanto, valorizar a participação das merendeiras nas intervenções é fundamental para o alcance das metas propostas.

Importância das oficinas com as merendeiras para a promoção de hábitos alimentares saudáveis na escola

Por meio da realização de oficinas, os petianos têm a oportunidade de orientar as merendeiras a priorizarem técnicas de higiene, tanto pessoal quanto dos alimentos e do ambiente de trabalho, bem como métodos de preparo e cocção dos alimentos.[18]

A temática da oficina, voltada à alimentação saudável, ressalta a importância da alimentação balanceada na infância e na adolescência, do fornecimento de nutrientes necessários para o crescimento, o desenvolvimento e a contribuição para a manutenção da saúde. Do mesmo modo, a oficina salienta as consequências de uma alimentação inadequada no comprometimento do crescimento da criança, suscetibilidade a doenças e carências nutricionais.[22]

Ainda faz parte da proposta das oficinas a elaboração de uma cartilha (que pode ser consultada no final do capítulo) rica em elementos visuais, uma vez que estes facilitam a compreensão e o acompanhamento do conteúdo transmitido, inclusive no caso de haver baixa escolaridade entre as profissionais.[14] Trata-se de um material claro e prático, para consulta diária, cujo conteúdo pode fazer alusão aos temas elaborados e trabalhados na oficina.

Apesar de ser exigida, cada dia mais, uma maior escolaridade no Brasil como um todo, no interior do País ainda existe uma grande porcentagem de trabalhadores com níveis de estudo aquém do necessário. Fernandes, Fonseca e Silva[12] evidenciaram que as merendeiras fazem parte desse grupo que apresenta baixo nível de escolaridade. Segundo Souza,[23] a contratação dessas profissionais, assim como a maioria da área da Educação, dá-se de duas formas: por indicação, em razão de interesses políticos (o que colabora com esses dados) e por meio de concursos, nos quais a escolaridade é exigida. Daí a importância de usar métodos de ensino que atinjam o público interessado, adequando-se ao seu nível de escolaridade, sendo esse um ponto muito importante a ser considerado para a preparação do plano de trabalho e da metodologia a ser empregada.

Sucessos, fracassos e reflexões

O desenvolvimento do trabalho com as merendeiras utilizou uma metodologia inclusiva que se destacou entre as participantes. Algumas delas relataram esperar, receosamente, por uma explanação cansativa e enfadonha sobre temas aos quais elas já estão habituadas a ver em encontros anuais de capacitação. Ainda assim, demonstraram ter consciência de que, para exercer sua função, precisam estar sempre atentas ao exercício de boas práticas de higienização e de manipulação. Embora esse conteúdo tenha sido a principal abordagem do plano de trabalho, os petianos buscaram discutir, ainda, sobre a responsabilidade das merendeiras em lidar com a alimentação infantil no que diz respeito ao uso indiscriminado do sal, do açúcar e do óleo nas preparações.

Antes de dar início às intervenções práticas, a equipe do PET-Saúde discutiu com as merendeiras sobre a transição nutricional evidente na realidade das famílias brasileiras, refletida pelos hábitos de consumo dos escolares. Destacaram-se as mudanças no comportamento alimentar e a adoção do comportamento sedentário, além do aumento do consumo de alimentos industrializados em detrimento dos naturais. Aproveitou-se, também, para relembrar as merendeiras do quanto o seu trabalho precisa influenciar positivamente a formação dos hábitos de vida das crianças pela oferta de preparações que permitam o maior aproveitamento das vitaminas e minerais; além de valorizar as características sensoriais dos alimentos como atrativos para que os escolares despertem o desejo pelo que está sendo servido.

Os petianos ressaltaram que uma refeição mais saudável pode ser saborosa sem o acréscimo excessivo de sal, de açúcar ou de óleo. Foi, também, orientado às merendeiras que seria mais interessante substituir os chamados "temperos prontos" pelos naturais, bem como optar por preparações assadas ou cozidas. Tais informações tiveram como principal objetivo fortalecer a prática dos conhecimentos sobre alimentação saudável, transmitidos aos escolares durante as intervenções realizadas, para que eles refletissem nos ambientes escolar e familiar das crianças.

O segundo momento se deu com a valorização do trabalho das merendeiras e o papel fundamental que elas desenvolvem no ambiente escolar e na qualidade da refeição oferecida aos escolares. Para tratar da importância da higienização das mãos, realizou-se uma dinâmica na qual as participantes tiveram os olhos vendados e as mãos pintadas com tinta guache vermelha, anteriormente à lavagem. Após, ainda com a venda nos olhos, procedeu-se a lavagem das mãos como de costume. Quando a venda era retirada, as profissionais observavam se haviam conseguido remover toda a tinta das mãos e, então, os petianos prosseguiam com a abordagem da técnica correta de lavagem. Em seguida, as merendeiras repetiam o procedimento seguindo as orientações de lavagem correta. Posteriormente, foi disponibilizado um cartaz ilustrativo demonstrando a técnica para lavagem das mãos, fixado perto do lavatório (Figura 12.1).

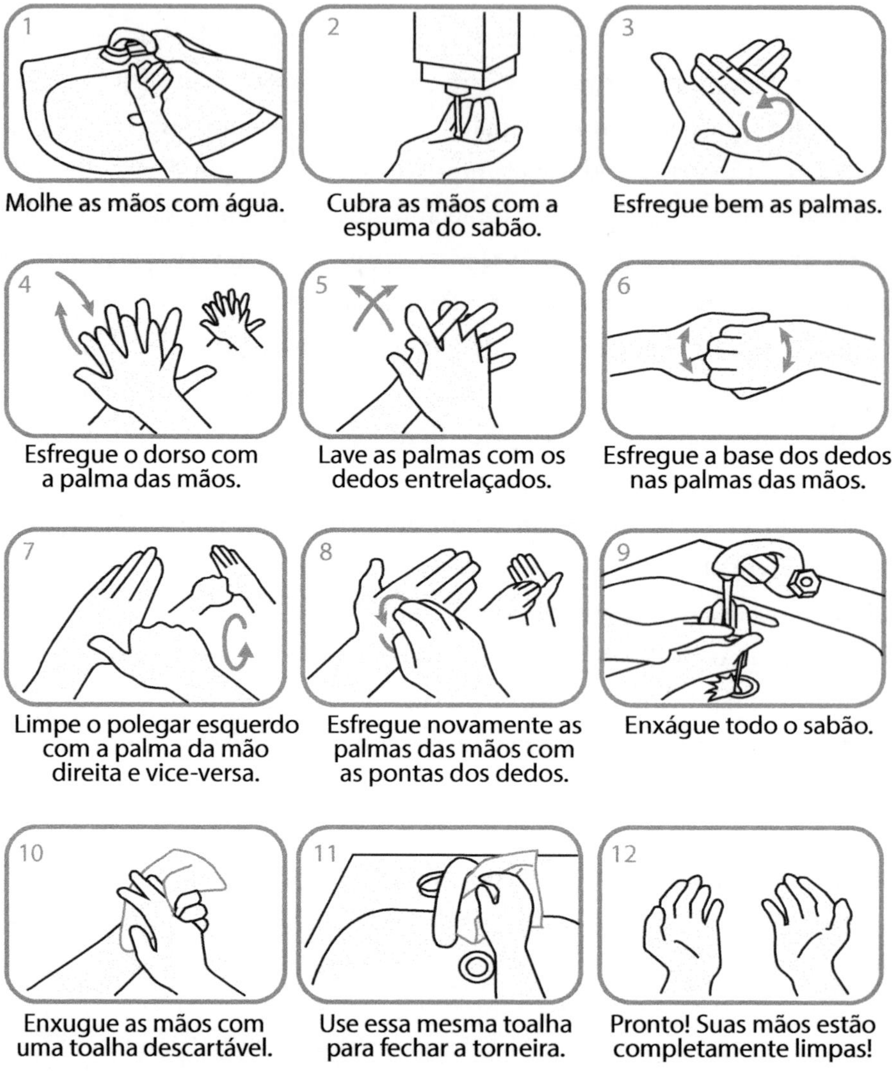

FIGURA 12.1 – Técnica de lavagem das mãos.

Quando se discutiu sobre higiene pessoal, dos alimentos e do ambiente, notou-se que as participantes sentiam-se seguras e conhecedoras do conteúdo, salientando, inclusive, a importância de tais práticas. No entanto, assumiram que a falta de tempo e a correria do dia a dia dificultavam a conduta adequada.

O desenvolvimento de uma cartilha com ilustrações sobre os assuntos abordados auxiliou na fixação do conteúdo e representou um ponto de apoio para as merendeiras, caso necessitassem relembrar as informações transmitidas. A participação e o interesse delas pelos conteúdos apresentados durante a intervenção foram notórios, além da satisfação demonstrada diante da entrega da cartilha educativa.

Algumas limitações foram destacadas pelas merendeiras, como a falta de materiais em seu local de trabalho, comprometendo a realização correta dos procedimentos de higienização dos alimentos, dos utensílios e do ambiente, e a ausência e/ou atraso na entrega de gêneros necessários para a preparação da refeição escolar, impelindo algumas merendeiras a levarem, das suas próprias casas, alguns produtos para serem adicionados à alimentação oferecida na escola (em especial, verduras, legumes e produtos industrializados, como caldos concentrados e molhos prontos). Assim, na inocência dos seus atos e por pensarem que estavam contribuindo para que os escolares consumissem uma alimentação mais saborosa, elas ofereciam às crianças, com esse gesto de carinho, uma alimentação rica em sódio, em gordura e em aditivos alimentares.

Uma limitação sobre a aplicação do plano, que cabe ser ressaltada, foi o pouco tempo reservado para realizar a oficina. Em algumas escolas, a oficina ocorreu de forma fragmentada (nos horários vagos entre uma ou outra atividade das merendeiras), para que a equipe não comprometesse a alimentação das crianças. Diante disso, destaca-se a importância de se programar as atividades voltadas especificamente às merendeiras, no dia ou no horário oposto às suas atividades, para que se garanta uma maior participação e concentração dessas profissionais, permitindo, assim, resultados mais eficazes.

Talvez, a rapidez com que o plano de trabalho foi realizado com estas profissionais tenha impedido o maior aprofundamento dos conteúdos, levando, em algumas escolas, à ineficácia dos resultados esperados, visto que, nas observações posteriores à aplicação do plano, percebeu-se que a quantidade de sal, de açúcar e de gordura das preparações permaneceu excessiva. Dessa maneira, diante da tamanha importância que as merendeiras têm para a promoção da saúde do escolar, fica evidente a necessidade de um plano de trabalho mais aprofundado sobre as principais doenças relacionadas aos hábitos alimentares, suas consequências na vida adulta e a importância da reeducação alimentar para a promoção de um estilo de vida mais saudável.

Em todas as escolas trabalhadas foi perceptível a forte relação de dedicação e de afeto que as merendeiras têm com os escolares, comprovada mediante a atenção pelo alimento oferecido e para que este tenha maior aceitação pelas crianças. Preparar refeições coletivas não é uma tarefa simples e perceber o quanto essas profissionais têm se empenhado para garantir que todas as crianças aprovem o que é servido evidenciou seu compromisso com o trabalho. Como era de se esperar, as merendeiras reconheceram que nem todos os escolares aceitam todas as preparações, mas demonstraram, por meio do próprio relato e das observações feitas pelos petianos, que estão sempre dispostas a servi-los. É necessário, então, incentivar para que esse cuidado inclua a prioridade às preparações mais saudáveis, aos alimentos nutricionalmente ricos e às práticas alimentares, cada vez mais, promotoras de saúde e de qualidade de vida.

O plano de trabalho resultou no entusiasmo das merendeiras e na gratificação dos petianos. Apesar de as atividades ocorrerem no ambiente de trabalho dessas profissionais, desenvolver um plano de ação específico para esse público fez as merendeiras se sentirem valorizadas e acolhidas pela equipe do PET-Saúde. A intervenção foi desenvolvida pensando-se no auxílio mútuo entre a equipe e as merendeiras, e poder contar com o apoio delas tornou o significado do programa ainda mais rico, de modo que os benefícios não se limitaram aos escolares, mas se estenderam a todas as famílias que constroem essa comunidade formadora de cidadãos conscientes.

CARTILHA DA MERENDEIRA

O que é contaminação?

É quando os parasitas, as substâncias tóxicas e os micróbios entram em contato com o alimento durante a manipulação e o preparo dos alimentos.

O que são micróbios?

Os *micróbios* são organismos vivos tão pequenos que só podem ser vistos por meio de um equipamento com potentes lentes de aumento, chamado *microscópio*. Eles também são conhecidos como *micro-organismos*.

Por que é importante falar em higiene?

A higiene tem como finalidade destruir ou diminuir a população de micro-organismos. Durante a preparação dos alimentos, cuidados básicos com a higienização pessoal, do alimento, de utensílios e de equipamentos podem prevenir algumas doenças, ajudando a preservar a saúde.

Conceitos

- *Limpeza*: é o ato de retirar os restos de comidas e sujeiras em geral, utilizando água, sabão e bucha/escova.

- *Desinfecção*: tem como objetivo reduzir o número de micro-organismos em nível que não comprometa a qualidade higiênico-sanitária do alimento.

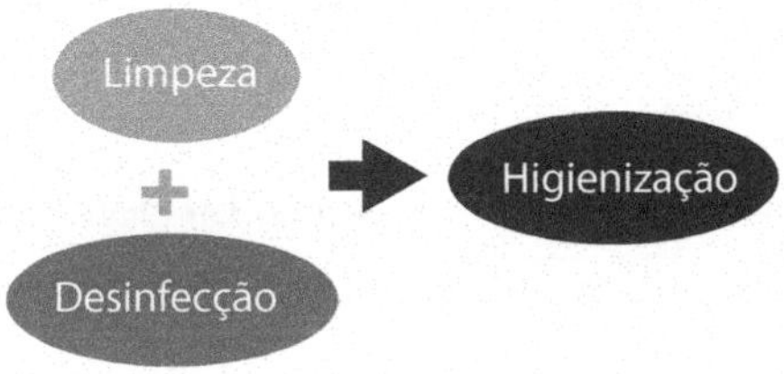

Os dois processos sempre devem ocorrer, pois a limpeza tira a sujeira e parte dos micro-organismos, e a desinfecção elimina aqueles que são resistentes aos sabões e detergentes.

Como fazer a higienização?

Álcool a 70%

1 medida de água + 3 medidas de álcool comum
num recipiente limpo

Coloque 1 medida* de água filtrada ou fervida e 3 medidas (utilizar a mesma medida que foi usada para a água) de álcool a 92,8% (álcool comum). Misture tudo, e estará pronto o álcool a 70%!

Importante: o álcool a 70% tem validade de 24 horas.

***Medida**: copo, xícara, litro ou qualquer medida que seja adequada para a sua necessidade.

Solução de hipoclorito 100 ppm

Dilua 10 ml de água sanitária (1 colher de sopa) em 1 litro de água. Para a desinfecção, aplique e deixe agir por 15 minutos.

Solução de hipoclorito 200 ppm

Dilua 20 ml de água sanitária (2 colheres de sopa) em 1 litro de água. Para a desinfecção, aplique e deixe agir por 15 minutos.

Higiene pessoal

A pessoa que lida com alimentos ou com o preparo deles, como a merendeira, deve estar sempre atenta aos hábitos de higiene de todos os que trabalham sob seu comando na cozinha. É importante cuidar da higiene do corpo.

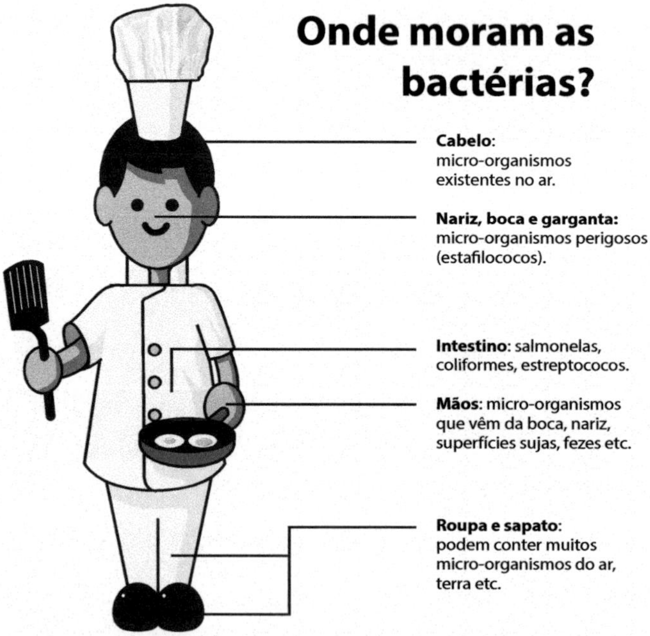

Fonte: adaptada de ilustração elaborada pela nutricionista Paula Rebonato Ivanki Bezerra (CRN8/1731).

Cuidados que se deve ter antes de trabalhar com o alimento:

- ✓ Tomar banho diariamente.
- ✓ Manter os cabelos sempre limpos.
- ✓ Manter as unhas limpas, aparadas e sem esmalte.
- ✓ Usar o uniforme (avental, touca ou rede).
- ✓ Proteger os cabelos com touca ou rede.
- ✓ Não falar, cantar, tossir ou espirrar sobre os alimentos.

A lavagem das mãos deve ser constante!

Lavar as mãos sempre que for ao banheiro, quando chegar da rua ou ao trocar de atividade. Depois de lavar as mãos com água e sabão, é importante passar álcool a 70%. Quando houver ferimento nas mãos, é preciso usar curativos para evitar a contaminação dos alimentos.

Não tocar nos alimentos com as mãos sujas, feridas ou com cortes, porque além de contaminar os alimentos, você também pode contaminar-se.

Higiene dos alimentos

O que fazer para não contaminar os alimentos?

- ✓ Lave as mãos antes de preparar os alimentos e depois de manipular alimentos crus (carnes, frangos, peixes) e vegetais não lavados.
- ✓ O alimento deve ser bem cozido, em altas temperaturas, de forma que todas as partes do alimento atinjam no mínimo a temperatura de 70 °C.
- ✓ Para ter certeza do completo cozimento, verifique a mudança na cor e textura na parte interna do alimento.

Como higienizar os alimentos?

- *Frutas, verduras e legumes*: lavar em água corrente até tirar toda a sujeira e deixar em solução de água clorada de 100 ppm. Deixe as verduras e legumes na solução por 15 minutos.
- *Latas*: devem ser lavadas com água e sabão antes de serem abertas.
- *Carnes*: não devem ser lavadas, pois perdem seus sucos, ricos em nutrientes.
- *Arroz*: deve ser lavado em água corrente, antes de ser preparado.
- *Feijão e outras leguminosas (soja, lentilha e ervilha)*: não precisam ser lavadas, somente escolhidas ("catadas"), sendo aconselhável deixá-las de molho na água, para facilitar seu cozimento nessa mesma água, de modo a evitar a perda de nutrientes.

Higiene do ambiente

É o asseio, a limpeza do ambiente. É qualquer procedimento aplicado que elimine ou reduza os perigos, minimizando os riscos de transmissão de agentes causadores de doenças.

Equipamentos e utensílios

Utensílios, panelas, assadeiras: devem ser lavados e sanitizados antes e depois de serem utilizados e, assim como outros utensílios, deve ser observado se não há nenhum resíduo, pois pode ser um foco de contaminação. Utilizar solução clorada a 100 ppm.

Para uso em pisos, azulejos, portas e janelas

Retirar as sujidades e aplicar solução clorada a 200 ppm.

Cuidados que se deve ter com a pré-preparação e o preparo dos alimentos

- Higienizar as mãos antes de tocar em qualquer alimento, durante as diferentes etapas do processamento e a cada mudança de tarefa de manipulação.
- O alimento preparado deve sempre ficar no *quente* (estufa ou fogão) ou no *frio* (geladeira/*freezer*), **nunca** na temperatura ambiente (ideal para a proliferação de bactérias).

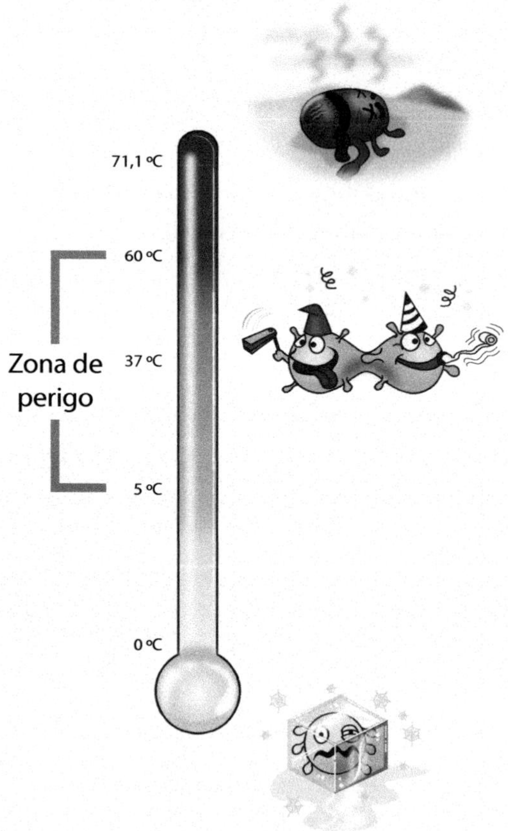

Fonte: adaptada de ilustração elaborada pela escola de hotelaria AB Masters.

- Atentar para a não ocorrência de contaminação cruzada entre os vários gêneros alimentícios durante a manipulação, na pré-preparação e preparo final.
- A manipulação na temperatura ambiente deve ser feita, no máximo, em 30 minutos.

As carnes cruas e os vegetais não lavados também podem transmitir micróbios patogênicos aos alimentos prontos por meio dos utensílios (talhares, pratos, bacias, tabuleiros). Isso é chamado de *contaminação cruzada*.

Como organizar a geladeira

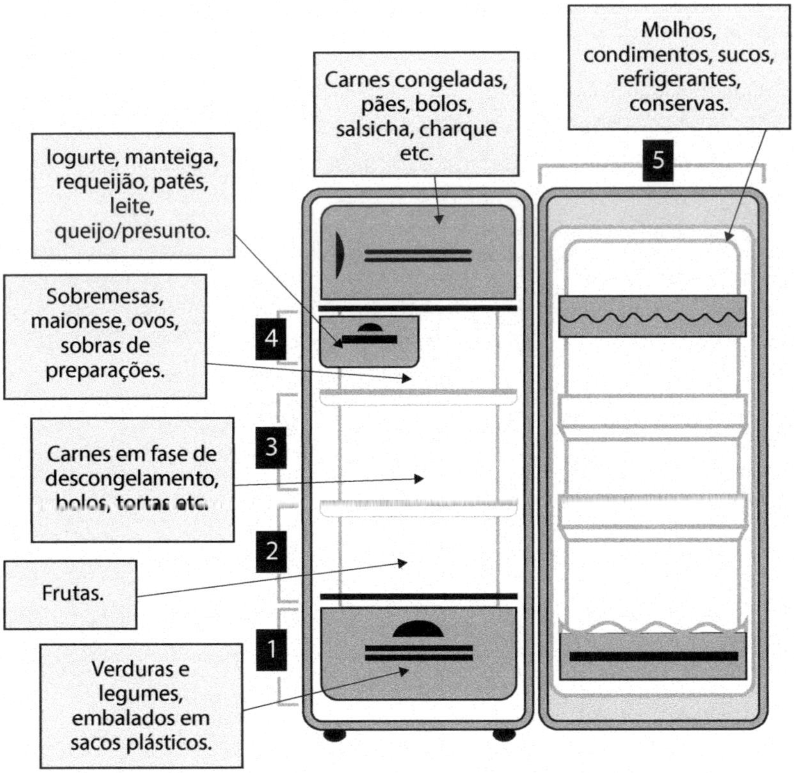

Dicas de descongelamento

- ✓ O descongelamento deve ser feito na geladeira. O alimento deve ser retirado um dia (24 horas) antes da preparação.
- ✓ Não recongelar alimentos crus ou prontos, que tenham sido descongelados.
- ✓ Após o descongelamento, os produtos devem ser armazenados sob refrigeração.

Referências

Agência Nacional de Vigilância Sanitária. Cartilha sobre Boas Práticas para Serviços de Alimentação. Brasília: Agência Nacional de Vigilância Sanitária; 2004.

Brasil. Agência Nacional de Vigilância Sanitária. Resolução-RDC ANVISA 216, de 15 de setembro de 2004. Dispõe sobre Regulamento Técnico de Boas Práticas para Serviços de Alimentação. Brasília: Diário Oficial da União, Poder Executivo; 2004.

Figueiredo RM. As armadilhas de uma cozinha. Barueri: Manole; 2003.

Manzalli PV. Manual para serviços de alimentação: implementação, boas práticas, qualidade e saúde. São Paulo: Metha; 2006.

Silva Jr. EA. Manual de controle higiênico-sanitário em alimentos. 5. ed. São Paulo: Varela; 2002.

Referências

1. Rotenberg S, Vargas S. Práticas alimentares e o cuidado da saúde: da alimentação da criança à alimentação da família. Rev Bras Saude Mater Infant. 2014;4(1): 85-94.

2. Romanelli GO. Significado da alimentação na família: uma visão antropológica. Medicina (Ribeirão Preto). 2006;39(3):333-9.

3. Maciel ME. Cultura e alimentação ou o que têm a ver os macaquinhos de Koshima com Brillat-Savarin? Horiz Antropol. 2001;l7(16):145-56.

4. Garcia RWD. Reflexos da globalização na cultura alimentar: considerações sobre as mudanças na alimentação urbana. Rev Nutr. 2003;16(4):483-92.

5. Canesqui AM, Garcia RWD. Antropologia e nutrição: um diálogo possível. Rio de Janeiro: Fiocruz; 2005.

6. Moreira SA. Alimentação e comensalidade: aspectos históricos e antropológicos. Cienc Cult. 2010;62(4):23-6.

7. Proença RPDC. Alimentação e globalização: algumas reflexões. Cienc Cult. 2010;62(4):43-7.

8. Tanajura IMPC, Freitas MCS. O relevante trabalho das merendeiras escolares de escolas públicas de Salvador, Bahia. Rev Baiana Saúde Publica. 2012;36(4): 919-34.

9. Costa EDQ, Ribeiro VMB, Ribeiro ECDO. Programa de alimentação escolar: espaço de aprendizagem e produção de conhecimento. Rev Nutr. 2001;14(3): 225-9.

10. Carvalho ATD, Muniz VM, Gomes JF, Samico I. Programa de alimentação escolar no município de João Pessoa – PB, Brasil: as merendeiras em foco. Interface. 2008;12(27):823-34.

11. Costa EDQ, Lima EDS, Ribeiro VMB. O treinamento de merendeiras: análise do material instrucional do Instituto de Nutrição Annes Dias – Rio de Janeiro (1956-94). Hist Ciênc Saúde – Manguinhos. 2002;9(3):535-60.

12. Fernandes AGDS, Fonseca ABCD, Silva AAD. Alimentacão escolar como espaco para educacao em saúde: percepção das merendeiras do município do Rio de Janeiro, Brasil. Ciênc Saúde Colet. 2014;19(1):39-48.

13. Mello AG, Gama GMP, Marin VA, Colares LGT. Conhecimento dos manipuladores de alimentos sobre boas práticas nos restaurantes públicos. Braz J Food Technol. 2010;13(1):60-8.

14. Leite CL, Cardoso RCV, Góes JAW, Figueiredo KVNA, Silva EO, Bezerril MM, et al. Formação para merendeiras: uma proposta metodológica aplicada em escolas estaduais atendidas pelo programa nacional de alimentação escolar, em Salvador, Bahia. Rev Nutr. 2011;24(2):275-85.

15. Neitzke L, Molina MDCB, Salaroli LB. Adequação nutricional da alimentação escolar em município rural – Espírito Santo, Brasil. Nutrire Rev Soc Bras Aliment Nutr. 2012;37(1):1-12.

16. Schnetzler RP. Construção do conhecimento e ensino de ciências. Em Aberto. 1992;11(55):16-23.

17. Teo CRPA, Sabedot FRB, Schafer E. Merendeiras como agentes de educação em saúde da comunidade escolar: potencialidades e limites. Espaç Saúde. 2010;11(2):11-20.

18. Miron VR, Stefanello CL, Mattos KM, Colomé JS, Costenaro R, Carpes AD. Profissão merendeira: perfil profissional e condições socioeconômicas. Discip Sci: Sér Ciênc Biol Saúde. 2009;10(1):87-95.

19. Assao TY, Westphal MF, Bógus CM, Cervato-Mancuso AM. Alimentação escolar: percepção de quem prepara e oferece as refeições na escola. Segurança Alimentar e Nutricional. 2012;19(1):110.

20. Issa RC, Moraes LF, Francisco RRJ, Santos LC, Anjos AFV, Pereira SCL. Alimentação escolar: planejamento, produção, distribuição e adequação. Rev Panam Salud Pública. 2014;35(2):96-103.

21. Sobral NAT, Santos SMC. Proposta metodológica para avaliação de formação em alimentação saudável. Rev Nutr. 2010;23(3):399-415.

22. Bernardi JR, Cezaro C, Fisberg RM, Fisberg M. Consumo alimentar de micronutrientes entre pré-escolares no domicílio e em escolas de educação infantil do município de Caxias do Sul (RS). Rev Nutr. 2011;24(2):253-61.

23. Souza KRA. Aventura da mudança: sobre a diversidade de formas de intervir no trabalho para se promover saúde [tese de doutorado]. Rio de Janeiro: Escola Nacional de Saúde Pública Sergio Arouca da Fundação Oswaldo Cruz; 2009.

13

Professores

Aline dos Santos Rocha
Fernanda Menezes dos Santos
Liliana Cardoso dos Santos Souza
Jociéli Moura dos Santos Braga
Alex Pinheiro Gordia
Vanessa Barbosa Facina
Teresa Maria Bianchini de Quadros

As políticas de saúde com foco na promoção de práticas alimentares saudáveis e no estilo de vida ativo para crianças e adolescentes têm se tornado prioridade, sobretudo em razão do panorama da transição epidemiológica, nutricional e demográfica.[1] Nesse cenário, observa-se um aumento na prevalência do sobrepeso e da obesidade em vários países, inclusive no Brasil, e em diversas faixas etárias.[2] Dessa forma, a educação em saúde pode ser considerada um componente decisivo para a melhora da qualidade de vida,[3] e a escola, um espaço favorável para o desenvolvimento de ações de promoção da saúde, por meio da prevenção e do controle das doenças crônicas não transmissíveis (DCNTs).[4]

O ambiente escolar é um local importante para o desenvolvimento de estratégias de intervenção e para a formação de hábitos de vida saudáveis, uma vez que tais hábitos devem ser consolidados desde a infância.[2] Reconhecendo a escola como um espaço favorável para a realização de atividades de promoção à saúde, e a educação em saúde uma estratégia para alcançá-la, o professor se mostra como agente fundamental nesse processo, principalmente por deter as ferramentas pedagógicas para a realização do trabalho e por fazer parte do contexto da escola e da realidade da comunidade escolar.[5]

Os valores que o professor e os demais membros da comunidade escolar transmitem às crianças, por meio do convívio na escola, estão fortemente associados às atitudes positivas em favor da promoção da saúde.[6] Dessa forma, Schmitz et al.[4] ressaltam que o professor deve adotar, em seu fazer pedagógico, estratégias de ensino que favoreçam aos escolares a adoção de hábitos de vida saudáveis e que os conhecimentos devem ser construídos de forma transversal, para que seja garantida a sustentabilidade das ações, dentro e fora da sala de aula. Os educadores têm, ainda, a capacidade de despertar o interesse e a participação de cada membro da comunidade escolar, revelando-se como principais disseminadores do saber e realizadores de condições favoráveis para a ampliação do conhecimento dos alunos acerca de um estilo de vida saudável.[7]

Diante do exposto, e considerando-se a escola como um espaço privilegiado para a construção de hábitos de vida saudáveis, no qual as crianças passam parte importante do seu dia, evidencia-se a necessidade de se trabalhar temas relacionados à saúde do escolar com os professores, por reconhecer que estes se revelam agentes fundamentais no favorecimento da promoção da saúde das crianças.

A inclusão dos professores nas ações educativas do PET-Saúde

Para que haja sucesso no desenvolvimento dos planos de trabalho na escola, os professores, peça-chave desse processo, precisam estar informados e orientados sobre o tema abordado, inclusive para reconhecer a sua importância na promoção da saúde dessas crianças. Diante disso, a capacitação de professores, e de outros atores sociais que compõem a comunidade escolar, potencializa mudanças nesse ambiente, as quais dão suporte para a adoção de hábitos de vida saudáveis na infância e a manutenção destes ao longo da vida.[8]

É necessário o envolvimento dos professores durante o desenvolvimento de todos os planos de trabalho, ou seja, sua atuação nas oficinas realizadas pelo PET-Saúde reflete, de maneira fundamental, no processo de promoção da saúde, visto que os professores são atores indispensáveis para a adesão dos escolares a um estilo de vida mais saudável. As oficinas contribuem, também, para a ampliação do conhecimento desses profissionais acerca da alimentação saudável e da prática de atividade física, que fortalecerá ações futuras, sobretudo nos momentos em que o grupo não se encontrar na escola.

A inclusão dos professores durante as ações educativas dá maior segurança aos escolares, em especial, durante as primeiras atividades, nas quais o vínculo das crianças com o grupo PET-Saúde ainda é incipiente, além de favorecer o equilíbrio do ambiente, proporcionando um cenário tranquilo e assertivo para a realização das atividades. No entanto, sabe-se que as atribuições do professor são extensas e que, muitas vezes, ele utiliza todo o tempo extra que tem na rotina escolar para organizar/adiantar o trabalho. Esse tempo pode ser conseguido à custa dos intervalos e, até mesmo, de atividades extras desenvolvidas na escola, como é o caso das ações do PET-Saúde. Diante desse impasse, é necessário desenvolver estratégias que incentivem a participação do professor durante as oficinas, e que proporcionem subsídios para suas futuras aulas.

Ações simples podem ser utilizadas como estratégias para incluir e destacar a importância da participação desses profissionais, por exemplo: convidar o professor para desenvolver as atividades com os petianos; solicitar seu auxílio na explicação dos conteúdos, pois ele tem a prática da linguagem que melhor atinge os escolares; envolvê-los nas atividades práticas, como em jogos e brincadeiras, reforçando o fato de sua participação ser essencial; conversar sobre os escolares e as características especiais de cada um, demonstrando o interesse da equipe em conhecer e compartilhar a relação dos professores com as crianças; auxiliá-los diante de suas possíveis dúvidas, buscando esclarecer o que for necessário para que eles possam adquirir o domínio sobre os temas abordados pelo programa.

Subsídios para o trabalho subsequente dos professores

Para subsidiar os professores nas ações subsequentes às atividades do PET-Saúde, é importante disponibilizar os planos de trabalho utilizados, de forma detalhada e com os diversos conteúdos trabalhados durante as oficinas. O objetivo é fazer esses planos servirem de material de apoio aos professores no desenvolvimento de aulas voltadas à promoção da saúde do escolar para turmas e escolas não contempladas pelo programa. Tais planos de trabalho podem ser visualizados na Parte 1 deste livro.

É importante, também, disponibilizar material prático com propostas de atividades distintas a serem desenvolvidas pelos escolares em momentos posteriores, cuja finalidade pode ser reforçar o conhecimento deles acerca dos conteúdos abordados em sala de aula, ou, até mesmo, introduzir novos conceitos e novas informações. As atividades complementares sobre diagnóstico da nutrição (Capítulo 2); diagnóstico da prática de atividade física (Capítulo 3); pirâmide alimentar (Capítulo 4); pirâmide da atividade física (Capítulo 5); obesidade (Capítulo 6); hipertensão arterial sistêmica (Capítulo 7); diabetes melito (Capítulo 8); e saúde óssea (Capítulo 9) visam dar suporte aos professores, para que eles possam dar continuidade ao trabalho de fomento à promoção da saúde das crianças no ambiente escolar.

Bernardon et al.[7] ressaltam que existem, na formação desses educadores, lacunas referentes a temas voltados à promoção de hábitos de vida saudáveis, sendo necessárias estratégias para a capacitação dos docentes, tornando-os aptos a serem disseminadores desses novos padrões e estilos de vida mais saudáveis. Por isso, consideramos importante disponibilizar aos professores um material de apoio para que eles continuem favorecendo a promoção da saúde no ambiente escolar.

Sucessos, fracassos e reflexões

A princípio, a inclusão do corpo de professores nas atividades do PET-Saúde pareceu uma tarefa simples. Os petianos haviam considerado que, por estarem habituados a liderar as turmas e por disporem de mais experiência para lidar com as crianças, os professores não apresentariam consideráveis desafios para o programa. De fato, não é possível negar que, em sua maioria, esses profissionais ajudaram a enriquecer o trabalho, desde o início até a última oficina. Os professores fizeram questão de transparecer seu interesse pelos temas abordados com os escolares, e muitos não se intimidaram em demonstrar que alguns conteúdos eram inéditos para eles. Entretanto, os petianos precisaram elaborar, a cada plano de trabalho, uma nova maneira de incentivá-los a participarem ativa e diretamente nas oficinas.

Não é possível dizer ao certo o porquê de alguns professores terem demonstrado certa resistência inicial diante do programa, mas algumas hipóteses são válidas:

- Receber um grupo desconhecido, para substituir parte das suas aulas, fez os professores enxergarem o PET-Saúde como uma "visita inoportuna".
- Acreditar na falsa ideia de que era necessário que os professores conhecessem profundamente os conteúdos de Nutrição e Educação Física intimidou alguns, por acharem que não conseguiriam auxiliar o suficiente.
- Considerar desnecessária a abordagem mais aprofundada sobre saúde e qualidade de vida nas escolas impediu a valorização imediata das oficinas elaboradas pelo PET-Saúde.
- Desconhecer os objetivos do programa, em virtude da comunicação deficiente entre a coordenação pedagógica da escola e os professores.

Diante de situações que fizeram os petianos valorizarem os professores, foi possível observar que, independentemente do motivo que gerou a apatia de alguns, a equipe conseguiu vencer o desafio, incluindo-os mesmo nos momentos mais simples. Um exemplo foi em relação ao preenchimento do cabeçalho das atividades que os petianos solicitavam ao fim de cada oficina. Os escolares deveriam seguir as orientações em geral feitas pelo professor (como, por exemplo, utilizar lápis ou caneta) e, obrigatoriamente, escrever o nome dele junto com os nomes dos petianos responsáveis pela atividade. Com isso, buscava-se reafirmar que o trabalho não era apenas do programa, mas, sim, o resultado de uma parceria com os professores e com a escola como um todo. Da mesma maneira, se alguma criança apontasse determinado assunto como já explicado pelo professor, os petianos transpareciam sua satisfação em poder fortalecer o trabalho do docente e, a todo instante, referiam-se ao conteúdo como uma "revisão" do que ele já havia abordado.

À medida que se sentiam mais importantes nas atividades, os professores deixavam de ser convidados a participar das oficinas e já tomavam a iniciativa de se responsabilizar por algum número de crianças (nas atividades em que os escolares eram organizados em grupos). Os petianos puderam perceber, então, que o olhar desconfiado foi sendo substituído pela curiosidade, pelo interesse e, finalmente, pela valorização do trabalho realizado.

As oficinas desenvolvidas pelo PET-Saúde foram consideradas relevantes pelo corpo de professores, que se reconheceram como agentes fundamentais no processo de promoção da saúde na escola, sendo mediadores do conhecimento. Os professores admitiram, ainda, ter limitações sobre o domínio dos conteúdos de saúde que foram abordados, visto que as informações transmitidas aos escolares deviam ser pautadas em conhecimentos teóricos e científicos. Tal fato reforça a necessidade de capacitação constante dos professores, a fim de que os conteúdos sejam trabalhados com mais propriedade no ambiente escolar, favorecendo a adoção de estilos de vida mais saudáveis. Vale ressaltar que alguns professores mostraram-se bastante interessados com os temas explorados pelo programa e satisfeitos em ter o apoio do PET-Saúde para a abordagem de conteúdos que, inclusive, eles já estavam trabalhando.

Entre as limitações que podem ser consideradas como fracassos, destacam-se o não acompanhamento das atividades por alguns professores e o veto, por eles, à participação de alguns escolares nas oficinas como forma de punição pelo mau comportamento apresentado em sala de aula. Sobre a primeira limitação, nem todos puderam ou quiseram participar das atividades realizadas. Alguns utilizaram o momento em que os escolares estavam sob a responsabilidade dos petianos para desenvolverem outras tarefas, como atualizar o diário de classe, corrigir atividades ou, até mesmo, descansar. Outros professores sentiram a necessidade de supervisionar alguns poucos escolares que não participavam das atividades do PET-Saúde e, apesar de esses escolares terem sido convidados inúmeras vezes pelos petianos e pelos professores, tiveram sua recusa respeitada. A respeito da segunda limitação, mesmo não concordando com a estratégia usada pelo professor, os petianos não os desautorizavam, embora enfatizassem que aquele momento era importante para a formação dos escolares, incluindo os hiperativos, chamados na escola de os mais "arteiros". O grupo PET-Saúde deixou ao professor a escolha de reavaliar sua decisão, atribuindo-lhe a responsabilidade pela formação do escolar sobre os temas abordados. No entanto, tal estratégia foi infrutífera na maioria das vezes.

As atividades disponibilizadas como complemento dos planos de trabalho e para auxiliar os professores em atividades subsequentes não foram utilizadas pelos docentes durante as oficinas do PET-Saúde na escola. Essa situação pode ter ocorrido por alguns motivos, entre eles, o fato de que as oficinas na escola estavam ocorrendo semanalmente, não sendo identificada pelos professores a necessidade de utilizá-las nesse período, reservando-as para outro momento; ou pelo fato de essas atividades serem disponibilizadas inicialmente à direção da escola, resultando em falhas de comunicação entre direção e professores, pois, quando arguidos sobre esses instrumentos, os docentes relatavam não terem recebido as atividades e os planos de trabalho.

Reconhecemos que, para favorecer a aprendizagem de conhecimento acerca da alimentação saudável e da prática de atividade física, é necessária uma capacitação de professores que seja mais abrangente, detalhada, em espaço diferente do ambiente escolar e com realização em dias e em horários opostos às atividades desenvolvidas pelos docentes em sala de aula. Com isso, haveria uma maior participação dos professores e um favorecimento do aprendizado dos conteúdos trabalhados. Lervolino e Pelicione[9] ressaltam que a capacitação para a educação em saúde deve fazer parte da formação acadêmica do professor e que eles devem estar inseridos em um processo de educação continuada em saúde. As autoras enfatizam, ainda, que a capacitação de professores deve acontecer de forma dinâmica e participativa, possibilitando sua atualização, compreensão e aperfeiçoamento de conhecimentos que visem à promoção da saúde no ambiente escolar.

Vale ressaltar o quanto foi notória a diferença de envolvimento e desenvolvimento dos escolares nas turmas onde os professores estavam mais envolvidos com a proposta do programa. Percebemos que sua participação nas atividades reforçou aos escolares a importância da adoção de um estilo de vida mais saudável, pois, assim como a família, os professores têm influência sobre o comportamento das crianças. Além de fazer parte da realidade da escola, são os professores que continuarão o processo de promoção da saúde do escolar, fortalecendo cotidianamente os conhecimentos construídos com as crianças e os adolescentes durante a intervenção do PET-Saúde. Assim, a parceria entre o programa e o corpo de professores foi indispensável para a concretização e o sucesso das intervenções.

Se a profissão em si fosse sinônimo de respeito, nenhum professor teria problemas relacionados à indisciplina ou ao desinteresse dos escolares. O que torna esse profissional líder no seu ambiente de trabalho não é apenas o título que sustenta, mas sua postura, sua dedicação e sua capacidade de envolver as crianças. Felizmente, os petianos se depararam com profissionais responsáveis e dispostos a colaborar com o programa, e esse apoio fez toda a diferença no resultado final.

Apesar das diferentes posturas adotadas diante do comportamento de alguns escolares, reconhecemos que os professores lidam com diversas dificuldades todos os dias, e cada uma dessas dificuldades reflete a realidade que encontramos nas escolas. O grupo PET-Saúde agradece aos professores por terem acolhido a equipe e aceitado fazer parte desse trabalho enriquecedor, cujos benefícios poderão, graças ao seu apoio, atingir e ultrapassar toda a comunidade escolar.

Referências

1. Juzwiak CR, Castro PM, Batista SHSS. A experiência da Oficina Permanente de Educação Alimentar e em Saúde (OPEAS): formação de profissionais para a promoção da alimentação saudável nas escolas. Ciênc Saúde Coletiva. 2013;18(4):1009-18.

2. Fernandes PS, Bernardo CO, Campos RMMB, Vasconcelos FAG. Avaliação do efeito da educação nutricional na prevalência de sobrepeso/obesidade e no consumo alimentar de escolares do ensino fundamental. J Pediatr. 2009;85(4):315-21.

3. Bizzo MLG, Leder L. Educação nutricional nos parâmetros curriculares nacionais para o ensino fundamental. Rev Nutr. 2005;18(5):661-7.

4. Schmitz BAS, Recine E, Cardoso GT, Silva JZM, Amorim FA, Bernardon R, et al. A escola promovendo hábitos alimentares saudáveis: uma proposta metodológica de capacitação para educadores e donos de cantina escolar. Cad Saúde Pública. 2008:24(2):312-22.

5. Mira FD. Capacitação de professores em Alimentação saudável na rede municipal de Mutuípe, Bahia: alcances e limitações [dissertação de mestrado]. Salvador: Universidade Federal da Bahia; 2007.

6. Sobral TNA, Santos SMC. Proposta metodológica para avaliação de formação em alimentação saudável. Rev Nutr. 2010;23(3):399-415.

7. Bernardon R, Silva JRM, Cardoso JT, Monteiro RA, Amorim NFA, Schmitz BAS, et al. Construção de metodologia de capacitação em alimentação e nutrição para educadores. Rev Nutr. 2009;22(3):389-98.

8. Yokota RTC, Vasconcelos TF, Pinheiro ARO, Schmitz BAS, Coitinho DC, Rodrigues MLCF. Projeto "a escola promovendo hábitos alimentares saudáveis": comparação de duas estratégias de educação nutricional no Distrito Federal, Brasil. Rev Nutr. 2010;23(1):37-47.

9. Lervolino AS, Pelicione MCF. Capacitação de professores para a promoção e Educação em saúde na escola: relato de uma experiência. Rev Bras Cresc Desenv Hum. 2005;15(2):99-110.

PARTE 3

Relatos de experiência

14

Avaliação do PET *Promoção da Saúde do Escolar*: percepção dos coordenadores

Teresa Maria Bianchini de Quadros
Alex Pinheiro Gordia
Vanessa Barbosa Facina

A obesidade na infância e na adolescência tem sido considerada uma pandemia,[1] com elevados custos para os sistemas de cuidado à saúde em todo o mundo.[2] Jovens obesos apresentam maior probabilidade para desenvolver fatores de risco cardiometabólicos, diabetes, hipertensão, hepatopatia, doença articular, asma, problemas de saúde bucal, ansiedade, depressão, transtornos de *deficit* de atenção com hiperatividade, problemas de sono e percepção negativa de qualidade de vida.[3] A obesidade durante a infância e a adolescência tem consequências adversas sobre a mortalidade precoce e a morbidade física na idade adulta em curto e longo prazo.[4]

A adoção de uma alimentação saudável desde a infância e a adolescência contribui para a perpetuação da promoção da saúde na idade adulta. Estudos têm demonstrado a elevada prevalência do consumo de alimentos contendo altos teores de açúcares e de gorduras, de alimentos industrializados e ricos em sódio entre crianças e adolescentes, em detrimento de uma alimentação saudável, rica em frutas, em verduras e em outros alimentos naturais.[5-7] A abordagem a crianças e jovens é imprescindível quando se pensa em transformação e modificação de padrões alimentares,[8,9] pois se sabe que os hábitos alimentares adquiridos na infância contribuem para a segurança alimentar e nutricional de uma refeição adequada.[10]

Evidências indicam que a atividade física durante a infância e a adolescência pode contribuir para o enfrentamento da obesidade ao menos por três caminhos:[11-13]

- a prática de atividade física na infância e na adolescência auxilia no equilíbrio do balanço energético e, consequentemente, na prevenção e no tratamento da obesidade e de doenças relacionadas à obesidade nessa fase da vida;
- jovens ativos tendem a se tornar adultos ativos, aumentando o gasto energético durante todo o ciclo de vida;
- jovens ativos têm menor probabilidade de desenvolver obesidade e doenças relacionadas à obesidade na fase adulta.

Contudo, ainda que a atividade física represente um importante componente da promoção da saúde e da prevenção de doenças na população pediátrica,[11,14,15] tem-se observado elevada prevalência de comportamentos sedentários e prática insuficiente de atividade física nesse segmento populacional.[16,17]

A escola é um espaço institucional de convivência social, que acolhe o escolar durante relevante parte de sua vida, com grande potencial para influenciar na adoção de modos de vida mais saudáveis.[18] Os escolares, quando bem informados, podem ser multiplicadores e estimular mudanças em suas famílias, fomentando novos hábitos alimentares e de atividade física.

Com base nesse contexto, acreditamos que um programa de intervenção interdisciplinar, com foco no aumento da prática de atividade física, na diminuição do comportamento sedentário e na adoção de hábitos alimentares saudáveis, desenvolvido na escola, tenha sido a combinação ideal para a realização das atividades do PET *Promoção da Saúde do Escolar.*

Expectativas em relação ao programa

O desejo de contribuir para melhorar os hábitos de vida de crianças e de adolescentes, estudantes de escolas do município de Amargosa (BA), foi o que nos moveu a desenvolver e embarcar no PET *Promoção da Saúde do Escolar.* A condição de sermos professores de uma universidade pública federal nos faz profissionais privilegiados para esse tipo de trabalho, mas também traz consigo alguns dissabores. Entre eles, está o acúmulo de tarefas que, muitas vezes, impede-nos de superar as paredes da instituição e, de fato, colocar em prática o que já transpomos no campo teórico, mas que ainda está longe de ser efetivado.

Contudo, o que fizemos foi encarar o programa como fundamental e necessário.

É fundamental porque possibilita que o estudante de graduação esteja em contato com a população e, dessa forma, com suas verdadeiras vulnerabilidades, necessidades, desejos e expectativas, que nem sempre são aquelas em que acreditamos quando estamos apenas no campo teórico. Nesse sentido, a intenção de contribuir com a formação ampla de discentes era tão fundamental quanto promover a saúde de crianças e de adolescentes. Os discentes puderam, por meio do referido programa, vivenciar o tripé que faz do Ensino Superior uma universidade: *ensino-extensão-pesquisa. Ensino*, porque estudaram e debateram diversos temas relacionados à saúde e aos fatores de risco na população pediátrica; *extensão*, pela oportunidade de adentrar na comunidade e realizar um programa de intervenção; *pesquisa*, uma vez que tiveram a possibilidade de escrever resumos, artigos e projetos de conclusão de curso com base na intervenção.

É necessário porque as informações disponíveis na literatura sobre a saúde de crianças e adolescentes são preocupantes. Prevalências elevadas de fatores de risco cardiovascular têm sido observadas na população pediátrica.[19-26] A presença desses fatores de risco na infância e na adolescência aumenta significativamente a chance do surgimento de doenças cardiovasculares na vida adulta,[27] representando uma elevada carga de morbidade e de mortalidade precoce na população.[28] No entanto, no Brasil, em especial, na região Nordeste, são limitados tanto o investimento em programas de prevenção quanto o enfrentamento a esses desfechos na população pediátrica, sobretudo em municípios de pequeno porte. Nesse sentido, visualizamos a realização do PET *Promoção da Saúde do Escolar* como necessária, podendo ser considerada como ponto de partida para a vigilância das doenças crônicas não transmissíveis em idades precoces.

A adesão dos pais e dos escolares ao programa estava entre nossas maiores expectativas. Como incentivar os pais a participarem de oficinas sobre saúde? Como inserir esses pais no processo de saúde de seus filhos? Como fazer os pais identificarem hábitos de vida não saudáveis? Como ajudá-los a melhorar seus hábitos de vida? Essas eram algumas das perguntas que nos fizemos diversas vezes durante todo o processo e que talvez ainda não estejam totalmente esclarecidas. Para nossa surpresa, a adesão dos pais ao programa foi grande. Em sua maioria, estavam muito interessados e dispostos a aprender e a discutir com a equipe as questões relacionadas não apenas à saúde dos filhos, mas de toda a família.

Em relação aos escolares, nossas expectativas se direcionavam, sobretudo, à mudança de hábitos e à adesão às atividades. Ao longo do semestre letivo, pôde-se perceber que as mudanças começavam a ocorrer e que a adesão e o interesse só aumentavam. Ao encerrar as atividades, tínhamos a impressão de que estávamos apenas no início. A seguinte frase era muito corriqueira entre os discentes petianos: "*Agora que estava ficando bom, acabou!*". Isso nos faz pensar que programas de intervenção permanentes poderiam ter um sucesso maior nas escolas, contanto que haja profissionais da área da saúde, como o nutricionista e o educador físico, inseridos nas escolas, aliados aos demais professores regentes de classe. Com um projeto bem estruturado e o apoio das Secretarias de Educação e de Saúde, com certeza, a saúde dos escolares e, consequentemente, de seus familiares seria melhorada.

Não obstante, entendíamos que, apesar de os pais e os escolares serem nosso foco principal, para que o objetivo do programa fosse alcançado com êxito, precisávamos incluir a equipe pedagógica das escolas, bem como seus funcionários. Nesse sentido, sugerimos às professoras regentes de classe que trabalhassem, durante a semana, os temas abordados nas oficinas. Com o intuito de oferecer subsídio para que esses temas fossem trabalhados, fornecemos, ao final de cada oficina, material didático contendo várias atividades. Contudo, pôde-se perceber, ao longo do processo, que somente essa ação não foi suficiente e que, talvez, a realização de atividades de formação continuada poderiam ter surtido um maior efeito. Também tentamos envolver as merendeiras no processo por meio da realização de uma oficina sobre o processo de trabalho delas. O resultado foi positivo, mas também demonstrou a necessidade de realizar mais intervenções abordando temas relacionados à saúde das crianças e a importância da alimentação escolar na manutenção e/ou melhora da saúde e, sobretudo, temas que englobem o bem-estar e o desenvolvimento profissional, físico e psicossocial dessas profissionais.

Muitas de nossas expectativas foram alcançadas, outras não, e, após quase dois anos de trabalho, várias outras surgiram. Acreditamos que isso faz parte do processo de aprendizagem e que só é proporcionado quando se coloca um projeto em prática. Podemos dizer, hoje, que muitas de nossas ações poderiam ser realizadas de maneira diferente, mas, efetivamente, só chegamos a essa conclusão porque transformamos o *saber* em *fazer*. Como dizia Paulo Freire:[29] "Ensinar exige consciência do inacabamento" (p. 28).

Parceria entre a universidade e as Secretarias Municipais de Saúde e de Educação

A proposta do Ministério da Saúde para o PET-Saúde, por intermédio da Secretaria de Gestão do Trabalho e da Educação na Saúde e da Secretaria de Vigilância em Saúde, tem como objetivo:

> [...] a promoção da integração ensino-serviço-comunidade e a educação pelo trabalho por meio da reorientação da formação profissional, assegurando uma abordagem integral do processo saúde-doença, promovendo transformações nos processos de geração de conhecimento, de ensino aprendizagem e de prestação de serviços de saúde e do fomento de grupos de aprendizagem tutorial no âmbito dos programas e ações de Vigilância em Saúde. (p. 171)[30]

A proposta tem como característica ser:

> [...] instrumento para qualificação em serviço dos profissionais da saúde, bem como de iniciação ao trabalho e vivências direcionadas aos estudantes dos cursos de graduação na área da saúde, de acordo com as necessidades do SUS, tendo em perspectiva a qualificação das ações e serviços de saúde oferecidos à população. (p. 171)[30]

Nesse sentido, o edital do Ministério da Saúde atrela as propostas à parceria do Ministério com as universidades e as Secretarias Estaduais e/ou Municipais para o desenvolvimento das atividades. Acreditamos que a proposta do Ministério da Saúde seja excelente, contudo, em alguns aspectos, difícil de ser colocada em prática. A parceria entre universidades e prefeituras municipais acaba ocorrendo por vários motivos, como: o fato de vantagens políticas passivas de parcerias interinstitucionais; bolsas para funcionários da secretaria de saúde dos municípios, tutores e discentes das instituições de Ensino Superior; desenvolvimento de atividades que poderão beneficiar à população e, também, propiciar a divulgação política das gestões municipais e/ou estaduais, entre outras.

No caso do PET *Promoção da Saúde do Escolar*, como o cenário das práticas seria a escola, além da parceria com a Secretaria de Saúde, conforme prevê o edital do Ministério da Saúde, recorremos, também, à parceria com a Secretaria de Educação do município. O projeto foi muito bem recebido pela Secretaria de Educação e esforços foram despendidos por parte desta para a realização das atividades. Isso também ocorreu na Secretaria de Saúde, contudo, tivemos certa resistência por parte da gestão, quanto à liberação das preceptoras, funcionárias da secretaria, que deveriam, como uma das tarefas do PET-Saúde, acompanhar os discentes petianos nas atividades em seus "horários de trabalho". A análise que podemos fazer, hoje, é que, apesar de vários documentos do Ministério da Saúde, como a Estratégia da Saúde da Família,[31] o Núcleo de Apoio à Saúde da Família[32] e a própria Diretriz do Sistema Único de Saúde (SUS),[33] focar no atendimento integral da comunidade em detrimento do atendimento individualizado e incentivar projetos entre Unidades de Saúde da Família e escolas, os gestores têm dificuldade de visualizar e apoiar esse tipo de intervenção.

Além da dificuldade da gestão pública em apoiar a ação do PET-Saúde, percebemos a dificuldade, também, das preceptoras, que fizeram parte de nossa equipe, em desenvolver tais ações. Parece-nos que é um ciclo vicioso, nada fácil de ser modificado. O ciclo inicia-se nos cursos de graduação, com programas curriculares disciplinares com foco na atenção individual, assistencialista, curadora e pouco focados na promoção da saúde. O ciclo continua quando o egresso, oriundo desse tipo de formação, chega ao mercado de trabalho e se depara com um gestor também desatualizado. Nesse sentido, no PET *Promoção da Saúde do Escolar*, as preceptoras, uma nutricionista e uma médica clínica geral, tiveram dificuldade em entender seus papéis dentro da equipe. Como orientar os discentes petianos em ações em que elas próprias se sentiam inseguras em desenvolver? Como falar de saúde para crianças e adolescentes sem focar na doença ou em problemas individuais e corriqueiros de atendimentos clínicos? Como promover a saúde, quando a prática é receitar remédios, prescrever exames e dietas? No decorrer da intervenção, a equipe tentou encontrar as respostas para todas essas questões. Tentamos envolver as preceptoras em todas as atividades, desde a estruturação das oficinas, até a correção de relatórios dos discentes petianos e a orientação aos discentes petianos nas ações práticas realizadas nas escolas. Acreditamos que o papel do preceptor é fundamental para o sucesso de atividades de intervenção. No PET *Promoção da Saúde do Escolar* conseguimos superar muitas dessas dificuldades e realizar a intervenção da melhor forma possível. Contudo, cremos que o caminho a ser percorrido ainda é muito longo.

Sabe-se que há vários modelos atuais e inovadores de cursos de graduação na área da Saúde. Na Bahia, por exemplo, esforços têm sido direcionados para currículos voltados para atender as diretrizes do SUS e seus vários departamentos, em especial, por meio do curso de Bacharelado Interdisciplinar em Saúde, da Universidade Federal da Bahia, da Universidade Federal do Recôncavo da Bahia (UFRB) e da Universidade Federal do Sul da Bahia. Acredita-se que, em longo prazo, teremos profissionais capacitados para trabalhar dessa perspectiva. No entanto, ao mesmo tempo, cremos ser necessário capacitar aqueles que já estão atuando no SUS, em particular, em municípios de pequeno porte, onde o acesso a cursos de formação continuada ainda é limitado.

Nossa intervenção ocorreu na área rural e, em virtude da distância em relação ao centro da cidade e estradas malconservadas, tivemos muita dificuldade para chegar até as escolas. Nesse sentido, dependíamos de transporte da prefeitura municipal ou da universidade. Os moradores dessas regiões têm menos acesso à informação e à saúde, saneamento básico ineficiente ou inexistente, menos acesso à energia elétrica (muitas famílias não têm sequer geladeira em casa), menor renda familiar mensal, entre outros. Dessa forma, é fato e consenso de todos a necessidade de intervenções para a população rural. Entretanto, na prática, o apoio dado pelo município ao programa foi muito pequeno e, em alguns momentos, até mesmo, inexistiu. Embora a gestão municipal tenha se comprometido em fornecer transporte para a equipe, sempre que houvesse impedimento de consegui-lo pela universidade, por diversas vezes esse compromisso não foi cumprido. Nesses casos, tivemos que alugar carros particulares e arcar com verba própria o custo das viagens. Infelizmente, a mensagem subliminar que ficou ao final da intervenção em relação a esse quesito foi: "Não faça atividades na área rural". Nesse sentido, acreditamos que há muito a avançar para que outras ações possam ser realizadas em áreas de difícil acesso, como as escolas nas quais trabalhamos e que, certamente, têm carência de intervenção.

Ademais, cabe mencionar sobre a condição de trabalho das professoras regentes de classe. O que pudemos observar é que elas têm muita disposição para colaborar e estão abertas a novos projetos e ideias. Contudo, estão sobrecarregadas de atividades, reuniões pedagógicas e poucas condições de trabalho. Muitas delas são regentes de classes multisseriadas, sem nenhum auxiliar, e/ou de classes com grande disparidade de idade. Esses fatores limitam a qualidade do trabalho, além de esgotarem o professor para outras atividades importantes, como o investimento na formação continuada. A carência do professor de Educação Física nas escolas, além de privar o acesso dos escolares a bons ensinamentos da cultura corporal, torna-se mais um fardo para as professoras regentes de classe, pois, no município em questão, elas são solicitadas a ofertar atividades compatíveis com as que seriam ofertadas por um educador físico e precisam "preencher a avaliação" referente a essa disciplina no diário de classe.

Não poderíamos deixar de mencionar, em nossa avaliação, os aspectos relacionados à distribuição e à qualidade da merenda escolar nas escolas rurais. Conforme relatos das professoras e das merendeiras das escolas, muitos dos escolares fazem a principal refeição do dia na escola, mesmo em escolas com turno único. Apesar de existir um cardápio semanal, elaborado por uma nutricionista da Secretaria de Educação do município, que fica exposto na porta da cozinha de cada escola, na prática, há atrasos na entrega dos gêneros alimentícios para o preparo da merenda escolar e, por muitas vezes, também ocorre a falta do alimento necessário para compor o cardápio do dia. Por diversas vezes, no período no qual desenvolvemos as atividades nas escolas, ocorria de o alimento que compunha o cardápio do dia ser entregue, para ainda ser preparado, na mesma manhã. Por esse e outros motivos, muitas vezes, o cardápio elaborado pela nutricionista do município precisava ser alterado ou substituído. Felizmente, em todas as escolas há equipes de coordenação sempre trabalhando para exigir alimentos de qualidade e com a quantidade necessária para suprir as necessidades dos escolares. Além disso, há merendeiras engajadas em fazer lanches nutritivos e saborosos para os escolares.

Em resumo, as experiências do PET *Promoção da Saúde do Escolar*, por meio das parcerias firmadas, reforçaram uma mensagem discutida por nosso grupo de trabalho desde o início da elaboração da proposta: "*Ações interinstitucionais de promoção da saúde no Brasil são necessárias e urgentes, porém, muito difíceis de serem colocadas em prática*".

Sucessos e fracassos

A equipe do PET *Promoção da Saúde do Escolar* permaneceu por volta de um semestre letivo em cada uma das cinco escolas para desenvolver as dez oficinas com os escolares, uma oficina com as merendeiras e duas com os pais. Tínhamos como objetivo geral: *"Contribuir para a formação integral de crianças e de adolescentes estudantes da rede pública de ensino do município de Amargosa por meio de ações de promoção, prevenção e atenção à saúde, com vistas ao enfrentamento das vulnerabilidades que comprometem o pleno crescimento/ desenvolvimento de indivíduos nessa faixa etária"*. A análise que podemos fazer hoje é de que esse objetivo vai além de nossa capacidade e/ou força para atuar diante de um sistema educacional inflacionado de atividades e com muitos problemas, como estrutura inadequada, salas pequenas, pouca ventilação, sem espaço adequado para a prática de atividades físicas, falta de refeitório, cozinha muito pequena e com poucos recursos, entre outros. Contudo, ficou evidente que com uma equipe que esteja em sintonia, com disposição e otimismo, muitos sucessos podem ser obtidos.

No que diz respeito ao fomento à prática de atividades físicas e à alimentação saudável pôde-se perceber ao longo das atividades, por meio dos relatos dos escolares, pais, equipe pedagógica das escolas e pela observação dos petianos, que conseguimos plantar uma sementinha. Demos o nome para essa sementinha de *Promoção da Saúde.* Tínhamos o hábito de falar, durante as atividades, que a semente, depois de plantada, deveria ser regada todos os dias e que, com muita dedicação, daria bons frutos: "*A melhora de sua própria saúde e de seus familiares!*".

A cada oficina realizada com os escolares, vários objetivos específicos puderam ser alcançados, como: interesse dos escolares pelo tema; interesse das professoras em saber *mais* sobre o tema; curiosidade dos pais sobre o programa; desejo nos escolares de que a próxima oficina acontecesse; apoio da equipe pedagógica ao PET-Saúde; redução de lanches industrializados levados pelos escolares para as escolas; conscientização corporal, entre outros. Sem dúvida, o interesse, o envolvimento e a adesão dos escolares ao programa foram facilitados pela metodologia de trabalho adotada pelo PET-Saúde. Todas as atividades tinham cunho participativo e lúdico, em detrimento do expositivo. Dessa forma, acreditamos que a abordagem utilizada foi adequada e fundamental para o sucesso de nossas ações.

Em relação aos pais, ficou evidente o desconhecimento sobre vários aspectos relacionados à prática de atividade física e à alimentação saudável. Muitos pais não reconheciam que seus filhos eram insuficientemente ativos e estavam com sobrepeso, tampouco que alguns alimentos fornecidos em casa poderiam agravar essa condição e prejudicar o processo de crescimento/de desenvolvimento de seus filhos. Esse fato tem sido apontado por vários estudos[34-36] e reforça a necessidade de intervenção não apenas com os escolares, mas, também, com a família dessas crianças.

O município, cenário das práticas, conforme mencionado, é considerado de pequeno porte, e as escolas participantes da intervenção se localizavam na área rural. A maioria dos pais tinha um pedaço de terra destinado ao plantio de verduras e de legumes, bem como árvores frutíferas em seus quintais. Nesse sentido, na primeira oficina, sugeríamos para eles a seguinte reflexão: "*Vocês plantam e colhem tudo o que há de melhor para integrar uma alimentação saudável e, na maioria das vezes, sem nenhum tipo de agrotóxico. Na sequência, pegam toda a riqueza de vocês e levam para a feira livre. Vendem seus produtos e, com o dinheiro que recebem, passam no mercado, enchem o carrinho de produtos industrializados, que fazem mal para a saúde, e levam para casa. Ou seja, deixam na cidade a riqueza de vocês e levam para a mesa de suas casas todo o lixo alimentar produzido por indústrias*".

Nesse momento, os pais davam muita risada, pois a reflexão era colocada de forma muito tranquila. A partir desse ponto, o diálogo começava e pela expressão gerada na face de cada um era perceptível que a semente da *Promoção da Saúde* estava plantada naqueles pais. Outro ponto a ser destacado é a conversa que tínhamos com eles sobre o hábito de praticar atividade física em família, de como é importante que os pais deem suporte e efetivamente brinquem e pratiquem atividade física com seus filhos. Há evidências de que jovens com suporte dos pais para prática de atividades físicas são mais ativos, assim como pais mais ativos têm filhos mais ativos.[37] Além disso, a memória afetiva construída pela prática de atividade física com os pais na infância e dos momentos de refeição realizados com a família podem perdurar por toda a vida e serem determinantes para a continuidade desses hábitos na vida adulta.

A oficina desenvolvida com as merendeiras nos fez refletir sobre múltiplos aspectos para além do treinamento acerca da manipulação e da higienização dos alimentos. Percebemos que esse, talvez, fosse o menor aspecto a ser abordado. Previamente, ao início das atividades com essas profissionais, foi aplicado um questionário que continha questões que versavam sobre dados socioeconômicos, de trabalho e de conhecimento prévio sobre manipulação e higiene dos alimentos. Com a análise parcial dessas informações, constatamos que há uma baixa remuneração dessas profissionais, uma desvalorização social, além da não exigência de escolaridade e de qualificação.[38] Ao serem questionadas quanto à forma e às condições da contratação para o trabalho, todas as merendeiras relataram que essa contratação foi feita por meio de indicação, ou seja, a profissional é indicada por alguém que tenha vínculo com a escola ou com a prefeitura, sendo contratada sem a necessidade de passar por um concurso ou processo seletivo. Essa maneira de contratação é comum no interior do Brasil, onde os interesses políticos ainda se sobressaem.[39] Para essas contratações, não foi exigido pré-requisito algum, como escolaridade ou experiência; as merendeiras relataram que só foram arguidas se "sabiam ou não cozinhar".

Tais apontamentos, além de comprometerem o desenvolvimento técnico, intelectual e humano, não favorecem o engajamento dessas merendeiras em atividades de promoção à saúde. No entanto, essas profissionais apresentam preocupação com a aceitação das preparações elaboradas, a modificação das técnicas de preparo com a finalidade de promover a ingestão de alimentos saudáveis pelos escolares, além do afeto estabelecido pelo vínculo merendeira-aluno, por meio do qual elas conhecem as preferências alimentares dos escolares. Nesse sentido, é necessário um olhar mais atento para o desenvolvimento das potencialidades dessas profissionais, por meio de uma formação continuada, usando a alimentação escolar como espaço permanente de aprendizado.

Infelizmente, há fracassos no processo de intervenção, mas que, certamente, são tão importantes de serem relatados quanto os sucessos obtidos. Apesar de termos a certeza de que, para obter sucesso na ação, o trabalho interdisciplinar era indispensável, a falta de experiência do grupo nesse quesito talvez tenha sido o nosso maior desafio. Nesse sentido, o grupo realizou pequenas reuniões, na tentativa de conseguir desenvolver a intervenção de forma interdisciplinar. A primeira estratégia, e, certamente, a mais importante, foi a elaboração das oficinas por toda a equipe. Além disso, as oficinas foram realizadas sempre por discentes petianos tanto da Educação Física quanto da Nutrição. Com isso, acreditamos que conseguimos realmente trabalhar em equipe e que houve aprendizado mútuo.

Por muitas vezes, houve problemas de comunicação com a escola e/ou com as professoras regentes das classes em que as atividades eram desenvolvidas, como, por exemplo, a equipe chegar para dar a oficina e a turma estar em processo avaliativo; marcarmos a oficina com os pais e eles não serem avisados ou serem avisados apenas na véspera da oficina, entre outros. Com o intuito de que o trabalho não fosse prejudicado, os petianos remarcavam as atividades tanto com os pais quanto com os escolares.

Apesar de as oficinas terem sido elaboradas, reelaboradas e revisadas por diversas vezes, o resultado, em algumas turmas, não foi satisfatório. Alguns dos motivos sugeridos pelos petianos foram turmas muito agitadas, turmas com disparidade de idades, falta de colaboração da professora regente de classe, entre outros. Nesse sentido, sugere-se que o processo de observação e de aproximação com a turma e com as professoras regentes de classe ocorra de forma lenta e gradual para que as oficinas possam ser readequadas de acordo com suas particularidades.

Entre sucessos e fracassos, pode-se afirmar que o PET *Promoção da Saúde do Escolar* contribuiu para que os escolares e seus familiares se engajassem em hábitos de vida mais saudáveis. Além disso, acredita-se que a comunidade escolar estará mais apta a reivindicar apoio do poder público para continuidade das intervenções e para que o ambiente escolar seja mais aproveitado em políticas públicas de promoção da saúde.

Recomendações

Considerando as experiências adquiridas durante os quase dois anos de trabalho no PET *Promoção da Saúde do Escolar*, listamos algumas questões que julgamos importantes para o avanço da promoção da saúde da criança e do adolescente:

- Incluir a escola em políticas públicas de promoção da saúde.
- Incluir professores de Educação Física em todas as escolas, desde as séries iniciais do Ensino Fundamental I, para possibilitar a intensificação de atividades que estimulem a prática de exercícios físicos dentro e fora do ambiente escolar.
- Repensar os programas curriculares do Ensino Fundamental I e II e do Ensino Médio para incluir a figura do nutricionista no cotidiano das escolas.
- Rever o modelo de aula tradicional, em que os alunos ficam sentados na maior parte tempo, e substituir por aulas participativas que proporcionem que o escolar aprenda e se movimente ao mesmo tempo.
- Estimular a participação dos familiares, em especial dos pais ou responsáveis, nas intervenções cujo objetivo seja proporcionar melhora em aspectos relacionados à saúde de crianças e adolescentes.
- Ofertar cursos de formação continuada sobre o Tema Transversal *Saúde* para professores do Ensino Fundamental I e II e do Ensino Médio, conforme orientação dos Parâmetros Curriculares Nacionais (PCNs),[40] pois, em geral, a abordagem realizada nos cursos de licenciatura é muito superficial e não dá condições para que os professores trabalhem a temática com segurança em sala de aula.
- Criar condições e possibilidades para que os professores possam engajar-se efetivamente em processos de formação continuada.
- Promover a formação continuada e/ou a capacitação das merendeiras, não somente quanto às técnicas de higiene e de manipulação de alimentos, mas, sobretudo, em relação ao seu papel de educadora em Saúde.
- Desenvolver um plano de avaliação periódica da saúde do escolar vinculada à estratégia da Saúde da Família, visando planejar ações de intervenção.

Referências

1. Malecka-Tendera E, Mazur A. Childhood obesity: a pandemic of the twenty-first century. Int J Obes. 2006;30(Suppl 2):S1-3.

2. Trasande L, Elbel B. The economic burden placed on healthcare systems by childhood obesity. Expert Rev Pharmacoecon Outcomes Res. 2012;12(1):39-45.

3. Pulgaron ER. Childhood obesity: a review of increased risk for physical and psychological comorbidities. Clin Ther. 2013;35(1):A18-32.

4. Reilly JJ, Kelly J. Long-term impact of overweight and obesity in childhood and adolescence on morbidity and premature mortality in adulthood: systematic review. Int J Obes (Lond). 2011;35(7):891-8.

5. Carvalho APD, Oliveira VBD, Santos LCD. Hábitos alimentares e práticas de educação nutricional: atenção a crianças de uma escola municipal de Belo Horizonte, Minas Gerais. Pediatria. 2010;32(1):20-7.

6. Toloni MHdA, Longo-Silva G, Goulart RMM, Taddei JAdAC. Introdução de alimentos industrializados e de alimentos de uso tradicional na dieta de crianças de creches públicas no município de São Paulo. Rev Nutr. 2011;24(1):61-70.

7. Facina VBB, Braga JGL. Perfil antropométrico de adolescentes do Recôncavo da Bahia. Rev Ciênc Ext. 2013;9(3):21-33.

8. Nunes MM, Figueiroa JN, Alves JG. Excesso de peso, atividade física e hábitos alimentares entre adolescentes de diferentes classes econômicas em Campina Grande (PB). Rev Assoc Med Bras. 2007;53(2):130-4.

9. Poeta LS, Duarte Mde F, Giuliano Ide C, Mota J. Interdisciplinary intervention in obese children and impact on health and quality of life. J Pediatr. 2013;89(5):499-504.

10. Moreira AS. Alimentação e comensalidade: aspectos históricos e antropológicos. Cien Cult. 2010;62(4):23-6.

11. Kelley GA, Kelley KS. Effects of exercise in the treatment of overweight and obese children and adolescents: a systematic review of meta-analyses. J Obes. 2013;2013:783103.

12. Hallal PC, Victora CG, Azevedo MR, Wells JC. Adolescent physical activity and health: a systematic review. Sports Med. 2006;36(12):1019-30.

13. Craigie AM, Lake AA, Kelly SA, Adamson AJ, Mathers JC. Tracking of obesity-related behaviours from childhood to adulthood: a systematic review. Maturitas. 2011;70(3):266-84.

14. Ho M, Garnett SP, Baur LA, Burrows T, Stewart L, Neve M, et al. Impact of dietary and exercise interventions on weight change and metabolic outcomes in obese children and adolescents: a systematic review and meta-analysis of randomized trials. JAMA Pediatr. 2013;167(8):759-68.

15. Waters E, de Silva-Sanigorski A, Hall BJ, Brown T, Campbell KJ, Gao Y, et al. Interventions for preventing obesity in children. Cochrane Database Syst ver. 2011;(12):CD001871.

16. de Moraes AC, Guerra PH, Menezes PR. The worldwide prevalence of insufficient physical activity in adolescents; a systematic review. Nutr Hosp. 2013;28(3):575-84.

17. Marshall SJ, Gorely T, Biddle SJ. A descriptive epidemiology of screen-based media use in youth: a review and critique. J Adolesc. 2006;29(3):333-49.

18. Souza EA, Barbosa Filho VC, Nogueira JA, Azevedo Junior MR. Atividade física e alimentação saudável em escolares brasileiros: revisão de programas de intervenção. Cad Saúde Pública. 2011;27(8):1459-71.

19. Pereira PB, Arruda IK, Cavalcanti AM, Diniz Ada S. Perfil lipídico em escolares de Recife, PE. Arq Bras Cardiol. 2010;95(5):606-13.

20. Nobre LN, Lamounier JA, Franceschini Sdo C. Sociodemographic, anthropometric and dietary determinants of dyslipidemia in preschoolers. J Pediatr 2013;89(5):462-9.

21. Centers for Disease Control and Prevention (CDC). Prevalence of abnormal lipid levels among youths – United States, 1999-2006. MMWR Morb Mortal Wkly Rep. 2010;59(2):29-33.

22. Haas GM, Bertsch T, Schwandt P. Prehypertension and cardiovascular risk factors in children and adolescents participating in the community-based prevention education program family heart study. Int J Prev Med. 2014;5(Suppl 1):S50-6.

23. Ribas SA, Silva LC. Fatores de risco cardiovascular e fatores associados em escolares do Município de Belém, Pará, Brasil. Cad Saúde Pública. 2014;30(3):577-86.

24. Magliano ES, Guedes LG, Coutinho ES, Bloch KV. Prevalence of arterial hypertension among Brazilian adolescents: systematic review and meta-analysis. BMC Public Health. 2013;13:833.

25. May AL, Kuklina EV, Yoon PW. Prevalence of cardiovascular disease risk factors among US adolescents, 1999-2008. Pediatrics. 2012;129(6):1035-41.

26. Reuter CP, Burgos LT, Camargo MD, Possuelo LG, Reckziegel MB, Reuter EM, et al. Prevalence of obesity and cardiovascular risk among children and adolescents in the municipality of Santa Cruz do Sul, Rio Grande do Sul. Sao Paulo Med J. 2013;131(5):323-30.

27. Berenson GS. Childhood risk factors predict adult risk associated with subclinical cardiovascular disease. The Bogalusa Heart Study. Am J Cardiol. 2002;90(10C):3L-7L.

28. World Health Organization (WHO). Global health risks: mortality and burden of disease attributable to selected major risks; 2009.

29. Freire P. Ensinar não é transferir conhecimento. In: Freire P, editor. Pedagogia da autonomia: saberes necessários à prática educativa. 43. ed. São Paulo: Paz e Terra; 2011. p. 47-88.

30. Brasil. Edital de convocação nº 28, de 22 de novembro de 2012. Seleção para o Programa de Educação pelo Trabalho para a Saúde/Vigilância em Saúde. PET/VS – 2013/2014. Diário oficial da República Federativa do Brasil, Poder Executivo, Braília, DF, 23 nov. 2012. Seção 3, p. 171-3.

31. Brasil. Ministério da Saúde. Secretaria de Assistência à Saúde. Coordenação de Saúde da Comunidade. Saúde da Família: uma estratégia para a reorientação do modelo assistencial. Brasília: Ministério da Saúde, 1997.

32. Brasil. Ministério da Saúde. Secretaria de Atenção à Saúde. Departamento de Atenção Básica. Diretrizes do NASF: Núcleo de Apoio a Saúde da Família. Brasília: Ministério da Saúde, 2009.

33. Brasil. Ministério da Saúde. Secretaria Nacional de Assistência à Saúde. ABC do SUS: Doutrinas e Princípios. Brasília: Ministério da Saúde, 1990.

34. De Craemer M, De Decker E, De Bourdeaudhuij I, Deforche B, Vereecken C, Duvinage K, et al. Physical activity and beverage consumption in preschoolers: focus groups with parents and teachers. BMC Public Health. 2013;13:278.

35. Pocock M, Trivedi D, Wills W, Bunn F, Magnusson J. Parental perceptions regarding healthy behaviours for preventing overweight and obesity in young children: a systematic review of qualitative studies. Obes Rev. 2010;11(5):338-53.

36. Dwyer GM, Higgs J, Hardy LL, Baur LA. What do parents and preschool staff tell us about young children's physical activity: a qualitative study. Int J Behav Nutr Phys Act. 2008;5:66.

37. Cheng LA, Mendonça G, de Farias Júnior JC. Physical activity in adolescents: analysis of the social influence of parents and friends. J Pediatr. 2014;90(1):35-41.

38. Souza LCS, Menezes FS, Rocha AS, Braga JMS, Facina VB. Merendeiras de escolas municipais do recôncavo da Bahia: futuras educadoras em saúde? In: Anais do 4. Bahianut – Congresso de Nutrição da Bahia; 2014; Salvador, BR. Salvador: Bioethica; 2014.

39. Souza KR. A aventura da mudança: sobre a diversidade de formas de intervir no trabalho para se promover saúde [tese de doutorado]. Rio de Janeiro: Escola Nacional de Saúde Pública Sergio Arouca, Fundação Oswaldo Cruz; 2009.

40. Brasil. Secretaria de Educação Fundamental. Parâmetros curriculares nacionais: introdução aos parâmetros curriculares nacionais. Brasília: MEC/SEF; 1997.

15

Percepção de gestores, diretores, coordenação pedagógica e professores sobre o PET-Saúde

Edson Melo dos Santos

O município de Amargosa, com população estimada de 37.557 habitantes, no ano de 2014,[1] está localizado no Vale do Jequiriçá, região do Recôncavo Sul da Bahia. Essa cidade dispõe de 37 escolas localizadas na zona rural e urbana, além de três creches também situadas na zona urbana. O presente relato refere-se às atividades desenvolvidas pelo PET-Saúde em cinco escolas rurais do município durante os anos de 2013 e 2014.

Sou professor da rede municipal de educação de Amargosa desde 2002. Tenho graduação em Pedagogia, com habilitação em Formação Pedagógica e em Gestão Educacional, especialização em Psicopedagogia Institucional e Clínica e em História da África e do Negro no Brasil. Cursei História e Cultura Afro-brasileira e Indígena, e sou pós-graduando em Educação Especial e Inclusiva.

Em janeiro de 2013, fui convidado pela Gestão Municipal para atuar como supervisor pedagógico de Apoio ao Educando e Atenção à Educação na Diversidade na Secretaria Municipal de Educação de Amargosa. A partir desse momento, passei a acompanhar e dar subsídio pedagógico e logístico às atividades do PET-Saúde *Promoção da Saúde do Escolar*. Participei de diversas reuniões com os professores tutores do projeto e com os diretores e coordenadores pedagógicos das escolas rurais em que o programa foi desenvolvido. Esses encontros também contavam com a presença de discentes dos cursos de Educação Física e de Nutrição da Universidade Federal do Recôncavo da Bahia (UFRB), de uma nutricionista e uma médica da Secretaria de Saúde do município (ambas preceptoras do programa) e, em raros encontros, da nutricionista da Secretaria de Educação do município. Nessas reuniões, entre outras questões, o programa era discutido e detalhadamente apresentado para a direção e a coordenação pedagógica das escolas.

As atribuições relacionadas ao PET-Saúde para as quais fui destinado pela Secretária de Educação do município incluíam: fazer a ponte entre os petianos e a direção/coordenação pedagógica das escolas e organizar a logística de agendamento e de acompanhamento na Diretoria de Transportes do município, dos veículos que levavam o grupo de trabalho para as respectivas escolas rurais.

A direção e a coordenação pedagógica das escolas eram orientadas por mim e pelos tutores do PET-Saúde a divulgar antecipadamente para toda a comunidade escolar, com atenção especial aos professores de classe, o detalhamento do programa. Esse detalhamento incluía os objetivos gerais e específicos, as atividades propostas e o período, datas e horários das intervenções.

O período de intervenção em cada escola rural foi de, aproximadamente, um semestre letivo, com realização semanal de atividades com os escolares e os professores, além de até três encontros com os pais e até duas oficinas com as merendeiras. Entre as diversas atividades desenvolvidas nesse período, algumas foram mais destacadas por diretores e coordenadores pedagógicos das escolas. As atividades de construção da pirâmide alimentar e da pirâmide da atividade física, da escolha dos alimentos que são comprados pelas famílias e da experiência prática, em que um dente ou um pedaço de osso de galinha ficou submerso por uma semana em um copo de refrigerante, despertaram muito interesse nos escolares. Essa última atividade fez os escolares começarem a se preocupar em tomar refrigerante com menor frequência.

Além disso, os pais também tiveram participação ativa tanto nas oficinas educativas destinadas a eles quanto no auxílio aos seus filhos nas atividades complementares para serem realizadas em casa. Vale destacar que havia uma preocupação dos escolares em realizarem as atividades da melhor forma possível com os pais para receberem elogios dos petianos na oficina seguinte. Nesse sentido, as atividades do PET-Saúde contribuíram significativamente para conscientização dos pais e dos escolares sobre a importância da busca por uma vida mais saudável mediante a educação alimentar e a prática de atividades físicas, evitando, assim, futuros problemas de saúde.

A proposta metodológica do PET-Saúde foi muito interessante. Para cada atividade desenvolvida, inicialmente, os petianos faziam explicações dos conteúdos a serem abordados, utilizando variados recursos didáticos e lúdicos para facilitar a compreensão dos alunos. Após a explanação, os petianos realizaram atividades práticas para reforçar a aprendizagem. Durante as oficinas, muitos instrumentos didáticos foram produzidos pelos escolares com a orientação dos petianos, como cartazes com a pirâmide alimentar e da atividade física, cartazes com hábitos relacionados à boa saúde óssea e cardápios com alimentos saudáveis e não saudáveis. Essas atividades contribuíram significativamente para a aprendizagem dos escolares.

Os petianos conseguiram envolver os alunos nas atividades, buscando motivá-los e incentivando a participação de todos, tanto em atividades desenvolvidas em grupo quanto em atividades individuais. Observou-se que os petianos direcionavam as atividades com domínio teórico e prático das ações que estavam sendo desenvolvidas.

Os conteúdos abordados nas atividades pelo PET-Saúde foram de extrema importância para a adesão dos escolares a hábitos mais saudáveis ao longo de toda a vida. A discussão desses conteúdos na escola pode ajudar na prevenção de futuros problemas de saúde, como obesidade, diabetes e hipertensão arterial. A coordenação pedagógica de algumas escolas relatou que muitos dos temas trabalhados pelo PET-Saúde já eram abordados pelas professoras em sala de sala. Contudo, foi consenso de que é muito mais interessante que haja o subsídio de profissionais da área da Saúde, como Nutrição e Educação Física, para o desenvolvimento dessas atividades.

Vale mencionar que a participação da médica preceptora do PET-Saúde foi importante tanto no acompanhamento das atividades e no auxílio aos discentes de graduação quanto no atendimento clínico, sempre que necessário, de casos mais graves. A direção e a coordenação pedagógica das escolas eram orientadas a indicar crianças em situações de maior vulnerabilidade e/ou com presença de doenças específicas (como anemia, diabetes ou obesidade), para que, em determinado momento da intervenção, houvesse um atendimento clínico dessas crianças na própria escola com o acompanhamento dos pais. Essa ação foi muito relevante, em especial, em virtude da dificuldade de deslocamento de muitas famílias da área rural do município até a unidade de saúde mais próxima para receber atendimento médico.

Outra ação relevante realizada pelo PET-Saúde, em conjunto com outros projetos desenvolvidos na Universidade Federal do Recôncavo da Bahia, foi o I Simpósio de Extensão e Pesquisa em Educação Física do Recôncavo da Bahia, realizado entre 24 e 26 de julho de 2013. Nesse simpósio, os Gestores da Secretaria de Educação e os diretores, os coordenadores e os professores das escolas municipais e os funcionários da Secretaria de Saúde do município foram convidados a participar, com isenção de inscrição, de palestras e mesas-redondas sobre a promoção da atividade física, estímulo a práticas alimentares saudáveis e à saúde do escolar.

As professoras de classe relataram que houve grande expectativa em relação às atividades que seriam desenvolvidas, pois acreditavam que o PET-Saúde poderia auxiliá-las no trabalho com os escolares, com o intuito de incentivá-los a aumentar o interesse por temas relacionados à saúde. Contudo, havia, também, certa preocupação, pois elas acreditavam que nem todos os escolares aceitariam participar das atividades propostas pelo programa por pensarem que ele iria se resumir a simples brincadeiras. Realmente, alguns escolares tiveram resistência, e houve dias em que não aceitavam participar das ações, mesmo com a insistência dos petianos. Isso prejudicou, inclusive, a participação das próprias professoras nas atividades, pois elas tinham de ficar na sala de aula com aqueles escolares que se negavam a participar. Entretanto, com o avanço do programa e o esforço dos petianos, observou-se uma tendência crescente dos escolares para gostar e entender a proposta de trabalho. Os escolares passaram a perguntar, e a aguardar com ansiedade, o dia em que os petianos iriam retornar à escola, criando laços de muita amizade e confiança.

Algumas professoras também relataram que responderam a questionários aplicados pelos petianos, mas não receberam retorno dessas avaliações. Além disso, elas sentiram falta de um momento mais amplo com os petianos antes do início das atividades na escola para que pudessem se organizar para reforçar os conteúdos trabalhados pelo PET-Saúde durante suas aulas. Segundo as professoras, houve um trabalho direcionado especificamente aos pais e às merendeiras das escolas e seria muito rico se essa ação também tivesse sido estendida a elas.

No decorrer do projeto, foi possível constatar uma motivação maior por parte de alguns escolares, inclusive, para frequentar as aulas por saberem que, durante a semana, haveria atividades diferenciadas, em geral, realizadas fora da sala de aula, e com vários atrativos. A maioria das professoras relatou que conseguiu dar continuidade ao trabalho desenvolvido pelo PET-Saúde em outros momentos de suas aulas, dando ênfase à importância de buscarmos uma vida mais saudável.

O encerramento das atividades do PET-Saúde nas escolas foi maravilhoso. Os escolares foram divididos em equipes para participar de uma gincana, que contava de três estações e uma prova final de caça ao tesouro que tinham como objetivo revisar os conteúdos trabalhados nas oficinas. Houve intensa participação dos escolares, com muita diversão. A comunidade escolar (direção, coordenação, professores e pessoal de apoio) estava preocupada com a proposta da gincana, tendo em vista que seria para todos os alunos da escola e durante uma manhã inteira. No entanto, todas as atividades foram muito bem organizadas, divertidas e todos acabaram se envolvendo. O último dia foi, sem dúvida, SENSACIONAL!

Algumas escolas aproveitaram o desenvolvimento das atividades do PET-Saúde para sensibilizar as famílias durante reuniões pedagógicas com os pais sobre a necessidade de acompanhamento dos filhos em casa, visando:

- melhorar as práticas alimentares de seus filhos;
- estimular seus filhos a auxiliarem em tarefas cotidianas da casa (como lavar louça, ajudar a limpar a casa e o quintal);
- estimular seus filhos a realizarem brincadeiras ativas e, preferencialmente, em ambientes ao ar livre;
- diminuir o tempo gasto em comportamentos sedentários (como assistir televisão).

Embora a avaliação geral do PET-Saúde tenha sido muito positiva, algumas dificuldades ocorreram para o desenvolvimento do programa, sobretudo em relação à logística do transporte dos petianos para as escolas rurais. Muitas vezes, houve desencontros entre as petianas do curso de Nutrição, que vinham de outra cidade, e os motoristas dos carros da Prefeitura Municipal de Amargosa, responsáveis pelo transporte. Além disso, diversas vezes, a Diretoria de Transportes do município não disponibilizou transporte para as atividades do PET-Saúde, alegando falta de veículos e/ou de motoristas. Nessas situações, os petianos contrataram transporte particular e arcaram com os custos financeiros com recursos próprios.

Em geral, a percepção da direção e da coordenação pedagógica foi que as atividades do programa foram desenvolvidas de forma dinâmica, com relevante envolvimento de todos os escolares. Os pais também foram envolvidos nesse processo de forma muito positiva. As atividades desenvolvidas foram bastante proveitosas, pois os escolares ficaram fascinados pelas oficinas, no sentido de participarem tanto da parte teórica quanto da prática. Todas as atividades foram muito bem organizadas, com demonstração de grande responsabilidade por parte do grupo gerenciador do programa. Além disso, os tutores e os preceptores do PET-Saúde acompanharam de perto todo o trabalho dos discentes de graduação. Observaram-se mudanças nos escolares desde o comportamento disciplinar até a postura em relação aos hábitos alimentares na escola. Ademais, o programa foi de extrema importância para o aumento do conhecimento sobre saúde não apenas dos escolares, mas, também, de todo o quadro funcional da instituição, incluindo professores, coordenadora pedagógica, diretora, merendeiras e auxiliares educacionais.

Diante do exposto, a visão da gestão da Secretaria Municipal de Educação de Amargosa é a de que o PET-Saúde foi um programa de grande relevância para as escolas rurais da rede municipal de educação, pois as atividades desenvolvidas foram muito prazerosas para toda a comunidade escolar e contribuíram muito para a aprendizagem dos escolares sobre o Tema Transversal *Saúde*. Além disso, percebemos que é necessário refletirmos sobre a formação continuada de nossos professores nessa área do conhecimento, para aprimorar a compreensão sobre o assunto e as estratégias pedagógicas a serem adotadas. Com isso, facilita-se o processo de ensino-aprendizagem da promoção da saúde nas escolas.

Referência

1. Instituto Brasileiro de Geografia e Estatística. Estimativas populacionais para os municípios brasileiros em 01.07.2014;2014 [acesso em 07 set 2014]. Disponível em: ftp://ftp.ibge.gov.br/Estimativas_de_Populacao/Estimativas_2014/estimativa_dou_2014.pdf.

16

Atuação dos discentes no PET-Saúde

Aline dos Santos Rocha
Fernanda Menezes dos Santos
Liliana Cardoso dos Santos Souza
Jociéli Moura dos Santos Braga
Alex Pinheiro Gordia
Teresa Maria Bianchini de Quadros
Vanessa Barbosa Facina

Neste capítulo, caro leitor, você encontrará a descrição das experiências vivenciadas por nós, discentes petianos, durante as atividades desenvolvidas no PET *Promoção da Saúde do Escolar*. Abordaremos nossos sucessos e fracassos, bem como apresentaremos algumas reflexões sobre como trabalhar a promoção da saúde da criança e do adolescente por meio de um programa como o PET-Saúde.

Participar do PET-Saúde foi, sem dúvidas, uma experiência enriquecedora da qual poucos têm a oportunidade de desfrutar. Esse programa, de grande relevância na formação acadêmica, profissional e pessoal, possibilitou-nos uma formação ampla e de qualidade que nos levou a unir os conhecimentos teóricos, adquiridos durante a graduação, com a prática vivenciada nas atividades do programa.

A prática extracurricular durante o Ensino Superior contribui para a formação social do indivíduo, pois revela que, por trás dos muros da universidade, existe uma realidade que precisa ser conhecida e explorada. Por meio das atividades, pudemos aprender a nos relacionar em grupo, a nos comunicar com a comunidade, a construir conhecimentos coletivamente e a identificar que nossas necessidades nem sempre eram as necessidades da comunidade.

Enxergar as pessoas é um desafio que não pode ser elucidado em livros, nem ensinado em laboratórios da universidade. Com o PET-Saúde, entendemos que *enxergar* o outro é reconhecer as suas necessidades, particularidades e interagir com essa realidade. Durante a entrevista que selecionou os integrantes para o programa, a coordenadora do grupo nos fez uma pergunta básica, mas desafiadora: "*Quais as suas perspectivas em relação a esse trabalho?*". A verdade é que, antes de fazer parte do programa, não pensávamos muito em "enxergar os escolares", embora fosse lógico concordar que a prática capacitaria a equipe para trabalhar em um ambiente infantil. Buscava-se interagir com a comunidade escolar e construir conhecimento sobre saúde e qualidade de vida. No entanto, o que foi apreendido pela equipe do PET-Saúde superou as expectativas de qualquer plano de trabalho, pois não fazia parte do roteiro.

Depois das experiências, tal pergunta, já modificada, volta-se aos discentes petianos: "*Suas perspectivas foram alcançadas?*". É nesse momento em que podemos relembrar as viagens longas, compensadas por um abraço coletivo; os dias de chuva, aplacados pela alegria com a chegada do grupo; e, os contratempos, resolvidos espontaneamente pelo simples prazer em retornar à escola. A partir do momento em que percebemo-nos fazendo parte da rotina daquelas crianças, compartilhando suas expectativas, felicitando suas conquistas e, muitas vezes, refletindo sobre as diferentes realidades que elas nos apresentavam, descobrimos, enfim, o que significa "enxergar as pessoas".

Muitas dificuldades foram encontradas durante o desenvolvimento desse programa e algumas serão relatadas a seguir. Como trabalhar de forma interdisciplinar a nutrição e a atividade física? Essa foi uma pergunta difícil de ser respondida, pois não há uma receita pronta. Foram necessárias muitas reuniões, muita leitura e várias discussões até chegarmos ao modelo trabalhado nesse programa. A construção de planos de trabalho que abordassem os conteúdos das duas áreas e que satisfizessem a proposta do programa foi uma tarefa árdua. Por inúmeras vezes, passamos a tarde construindo um plano de trabalho e, ao chegarmos ao final da tarde, percebíamos que ainda continuávamos trabalhando de forma fragmentada. Mas, afinal, o que era necessário para a construção de planos de trabalho interdisciplinares? Naquele momento, ainda não sabíamos, porém, hoje, podemos dizer que o que faltava era experiência. Experiência de trabalhar em grupo, de dividir espaço, de pensar em equipe.

Nesse momento, gostaríamos de situá-los sobre a localização geográfica dos cursos envolvidos no PET-Saúde. O curso de Bacharelado em Nutrição é vinculado ao *campus* do Centro de Ciências da Saúde (CCS) da Universidade Federal do Recôncavo da Bahia (UFRB), lotado no município de Santo Antônio de Jesus, Bahia. Nesse município residem as discentes petianas do curso de Bacharelado em Nutrição. O curso de Licenciatura em Educação Física, vinculado ao *campus* do Centro de Formação de Professores (CFP), está situado em Amargosa, onde residem os discentes petianos desse curso. O município escolhido para o cenário das práticas do PET-Saúde foi Amargosa, distante 51,9 km de Santo Antônio de Jesus. A estrada de ligação entre Santo Antônio de Jesus e Amargosa (BA-026) é muito sinuosa. Além disso, um relatório da Confederação Nacional do Transporte[1] classifica essa rodovia como ruim, por seu estado geral; como regular, ao analisar seu pavimento e sinalização; e, como péssima, ao se referir à sua geometria. Dessa forma, em razão do deslocamento necessário até o município, e deste até as escolas na área rural, o grupo de discentes petianos da Nutrição encontrou, em vários momentos, muita dificuldade para o desenvolvimento do programa.

Durante a realização das atividades tivemos o apoio da universidade no que se refere a materiais didáticos e ao transporte para as discentes petianas do curso de Nutrição para o deslocamento entre Santo Antônio de

Jesus até Amargosa, e entre a área urbana de Amargosa até as escolas na área rural, para todos os discentes petianos. No entanto, durante um período de três meses, houve uma greve dos técnicos administrativos federais, os quais, entre outras atribuições, eram responsáveis pelo agendamento de transportes na universidade. Com isso, durante a greve, o transporte para as atividades do PET-Saúde ficou suspenso, dificultando o deslocamento da equipe até a escola. Nesse sentido, recorremos ao apoio da Secretaria de Educação do município de Amargosa para realizar o deslocamento, ao menos, entre a área urbana e a área rural do município. Contudo, alguns contratempos foram observados, tais como o não agendamento do transporte em alguns dias solicitados e o não cumprimento do horário agendado. Esses fatos impediram e/ou comprometeram a realização de algumas atividades. Todavia, por acreditar na importância desse projeto para a promoção da saúde do escolar, enfrentamos a distância e desenvolvemos todas as atividades de intervenção propostas, utilizando, muitas vezes, recursos próprios para realizar o deslocamento de Santo Antônio até Amargosa, e da área urbana de Amargosa até as escolas rurais.

Foi um desafio trabalhar com escolas da área rural e, ao mesmo tempo, muito gratificante e recompensador. Se, por um lado, foi necessário percorrer alguns quilômetros da área urbana até a rural, por outro, encontramos muita receptividade por parte da coordenação, da direção, dos professores e demais funcionários, dos pais e dos escolares. O envolvimento e a participação da comunidade escolar foi um fator predominante para que pudéssemos superar as dificuldades e fortalecer o desejo de, a cada semana, continuar contribuindo para a formação de hábitos saudáveis das crianças.

Embora todas as escolas estivessem localizadas na área rural, as realidades vivenciadas foram diferentes, desde a estrutura do espaço até o comportamento dos escolares. Como desenvolver atividades que se adequassem a escolas espaçosas e, ao mesmo tempo, a salas de aulas estreitas, ou escolas cujo espaço externo não garantisse segurança para a realização das atividades? Aprender a lidar com os inconvenientes fez parte do processo, e até mesmo as dificuldades nos capacitaram durante o desenvolvimento do programa.

Não poderíamos deixar de destacar outros dois importantes desafios que enfrentamos: os escolares portadores de necessidades especiais e as salas multisseriadas. Algumas vezes, deparamo-nos com ambas as situações em uma única turma, e a nossa atenção precisou ser ainda maior. Acreditar que crianças autistas, deficientes físicas ou com qualquer outra necessidade especial não são capazes de participar das oficinas seria, além de um ato ignorante, uma atitude que vai de encontro com os nossos princípios como seres humanos e promotores de saúde. Buscamos, da melhor maneira possível, integrar tais crianças, para que estas se sentissem parte de todos os momentos de aprendizado, como o eram de fato. O resultado, para a nossa satisfação, foram escolares – que até então se sentiam à margem das atividades em grupo – participando, interagindo, aprendendo e, não menos importante, ensinando à nossa equipe a valorizar cada criança e a explorar suas potencialidades.

Em relação às turmas multisseriadas, a maior dificuldade foi abordar os conteúdos de maneira que fosse acessível a todos os escolares. Nesse tipo de turma, há uma disparidade muito grande entre as idades dos escolares. Essa é uma realidade presente em diversas escolas do nosso País, sobretudo as localizadas na área rural. Portanto, é importante não deixarmos de considerar possíveis desafios diante de turmas multisseriadas. Felizmente, apesar das dificuldades em conciliar faixas etárias distintas, tivemos o apoio das professoras regentes de classe para que conseguíssemos ser bem-sucedidos nessa tarefa, em que pudemos contar com a boa aceitação e participação dos escolares.

A receptividade de toda a comunidade escolar foi perceptível em todas as intervenções, mas não podemos deixar de mencionar alguns contratempos relacionados à falta (ou seria excesso?) de atenção por parte de alguns escolares. "Coisa de criança" também faz parte dos momentos de aprendizado, e elas precisam sentir-se acolhidas e valorizadas ao ponto de quererem colaborar com o grupo. *Inclusão*, *capacitação* e *empoderamento* são alguns termos importantes que fizeram parte dos objetivos do PET-Saúde e, ao torná-los reais, pudemos obter o sucesso desejado nas ações.

Adotar uma linguagem acessível e de fácil compreensão foi outro desafio enfrentado no decorrer do programa. Para favorecer o entendimento dos escolares acerca dos temas abordados, utilizamos as palavras de forma simplificada, transformando jargões científicos em termos que fossem compreensíveis para as crianças. Essa estratégia permitiu que os escolares pudessem ampliar seus conhecimentos, contribuindo, assim, para um desenvolvimento da autonomia que possibilitasse a adesão de um estilo de vida mais saudável desde a infância até a vida adulta.

Como estratégia para avaliar o entendimento do conteúdo, distribuímos cadernos, lápis e borrachas em todas as turmas e, ao final de cada plano de trabalho, solicitávamos atividades extras para os escolares. Assim, antes de dar início à oficina seguinte, corrigíamos as questões propostas na semana anterior. Essa foi uma estratégia simples, porém, relevante o suficiente para fazer a diferença nas oficinas posteriores. Percebemos que o número de erros em uma mesma questão poderia significar uma falha na metodologia de ensino que estávamos utilizando, ou dúvidas comuns daquela faixa etária. Por exemplo, durante a elaboração do plano que tratava dos grupos alimentares, não havíamos percebido que muitos escolares não souberam diferenciar *legumes* de *leguminosas*. Foi somente a atividade solicitada para casa que acusou a necessidade de reexplicarmos esse detalhe para as turmas. Havíamos, então, elaborado um suporte para que os escolares pudessem revisar o que aprenderam e, ao mesmo tempo, indicar suas principais dificuldades. Por isso, consideramos essencial o uso de um material de apoio semanal, cujas questões não exijam mais do que foi abordado nas oficinas e que sejam capazes de proporcionar a reflexão sobre o andamento das intervenções na comunidade escolar.

O trabalho desenvolvido com as professoras regentes de classe, as merendeiras e os pais dos escolares também foi de extrema importância para nossa formação acadêmica. Trabalhar com esses grupos foi desafiador e a ansiedade esteve sempre presente nos momentos que antecediam os encontros. Como seria a participação do público-alvo e quais conhecimentos prévios ele tinha sobre alimentação saudável e atividade física? A resposta às nossas inquietações foi dada pela gratidão e pela participação das professoras, das merendeiras e dos pais, mostrando-nos que o esforço foi válido e a experiência, enriquecedora, tanto para os petianos quanto para a comunidade escolar.

A busca pela inclusão de toda a comunidade escolar não é uma tarefa fácil. Ao mesmo tempo que se criam boas expectativas, tanto em relação à sua receptividade quanto aos resultados das intervenções, é difícil garantir unanimidade na aprovação do programa. De fato, alguns conflitos de interesse tentaram atrapalhar o desenvolvimento do PET-Saúde, mas a vontade de tornar o trabalho real significou muito mais. O que valeu, de verdade, foi a sensação de dever cumprido por ter construído coletivamente com a comunidade escolar conhecimentos relacionados a hábitos de vida mais saudáveis.

Ainda que tenhamos enfrentado algumas dificuldades, a participação de toda a comunidade escolar foi um fator positivo que nos permitiu alcançar, pelo desenvolvimento de cada uma das oficinas, o enriquecimento acadêmico, profissional e pessoal que almejávamos. Outro fator importante foi a integração entre a comunidade e a universidade, que possibilitou a produção e a troca de conhecimentos, desconstruindo o estigma de que entre esses dois grupos não existe diálogo.

As dificuldades contribuíram sobremaneira para nosso crescimento. Se, por trás de grandes conquistas, existem grandes desafios, os que enfrentamos, sem dúvida, marcarão para sempre a nossa trajetória acadêmica. Acreditamos que a participação no PET *Promoção da Saúde do Escolar* nos permitiu o amadurecimento individual e em equipe, favorecendo, assim, uma formação acadêmica e pessoal diferenciada, a qual nos possibilitará enfrentar com mais segurança situações complexas que certamente encontraremos na nossa prática profissional futura.

Referência

1. Confederação Nacional do Transporte (CNT). Relatório gerencial: pesquisa CNT de rodovias; 2013 [acesso em 29 jun 2014]. Disponível em: http://pesquisarodovias.cnt.org.br/Paginas/index.aspx.

Sobre os autores

Teresa Maria Bianchini de Quadros

Doutora em Medicina e Saúde pela Universidade Federal da Bahia (UFBA). Mestra em Educação Física pela Universidade Federal de Santa Catarina (UFSC). Professora adjunta na Universidade Federal do Recôncavo da Bahia (UFRB), no Centro de Formação de Professores do curso de Licenciatura em Educação Física.

E-mail: tetemb@gmail.com

Alex Pinheiro Gordia

Doutor em Medicina e Saúde pela Universidade Federal da Bahia (UFBA). Mestre em Educação Física pela Universidade Federal do Paraná (UFPR). Professor adjunto na Universidade Federal do Recôncavo da Bahia (UFRB), no Centro de Formação de Professores do curso de Licenciatura em Educação Física.

E-mail: alexgordia@gmail.com

Vanessa Barbosa Facina

Doutoranda em Alimentos, Nutrição e Saúde pela Universidade Federal da Bahia (UFBA). Mestra em Alimentos e Nutrição pela Universidade Estadual Paulista (Unesp). Professora adjunta na Universidade Federal do Recôncavo da Bahia (UFRB), no Centro de Ciências da Saúde do curso de Bacharelado em Nutrição.

E-mail: vanessafacina@hotmail.com

Sobre os colaboradores

Aline dos Santos Rocha

Doutoranda em Alimentos, Nutrição e Saúde pela Universidade Federal da Bahia (UFBA). Mestra em Alimentos, Nutrição e Saúde pela UFBA. Bacharela em Nutrição pelo Centro de Ciências da Saúde da Universidade Federal do Recôncavo da Bahia (UFRB).

E-mail: linny_rochaa@hotmail.com

Edson Melo dos Santos

Graduado em: Pedagogia, com habilitação em Formação Pedagógica; Gestão Educacional; História e Cultura Afro-Brasileira e Indígena. Especialista em: História da África, da Cultura Negra e do Negro no Brasil; Psicopedagogia Institucional e Clínica; Letramento e Alfabetização. Supervisor da Educação Especial na Secretaria Municipal de Educação de Amargosa (BA).

E-mail: edsonmelo.21@hotmail.com

Ellen Galvão Pereira

Licenciada em Educação Física pelo Centro de Formação de Professores da Universidade Federal do Recôncavo da Bahia (UFRB). Professora da Prefeitura Municipal de Olindina (BA).

E-mail: ellengp.ufrb@gmail.com

Érika Karine Almeida Nogueira

Licenciada em Educação Física pelo Centro de Formação de Professores da Universidade Federal do Recôncavo da Bahia (UFRB). Professora da Prefeitura Municipal de São Francisco do Conde (BA).

E-mail: erikakarine2011@hotmail.com

Fernanda Menezes dos Santos

Graduanda em Nutrição pelo Centro de Ciências da Saúde da Universidade Federal do Recôncavo da Bahia (UFRB).

E-mail: fernandaufrb@gmail.com

Jamily Araújo Souza

Mestranda em Ciências dos Alimentos pela Universidade Federal da Bahia (UFBA). Residência em Nutrição Clínica com Ênfase em Pediatria e Terapia Intensiva pela Universidade Federal do Recôncavo da Bahia (UFRB). Bacharela em Nutrição pelo Centro de Ciências da Saúde da UFRB.

E-mail: jamilyaaraujo@hotmail.com

Jociéli Moura dos Santos Braga

Bacharela em Nutrição pelo Centro de Ciências da Saúde da Universidade Federal do Recôncavo da Bahia (UFRB).

E-mail: ciely-moura@hotmail.com

Liliana Cardoso dos Santos Souza

Bacharela em Nutrição pelo Centro de Ciências da Saúde da Universidade Federal do Recôncavo da Bahia (UFRB). Pós-graduanda em Nutrição Oncológica pelo Centro Integrado de Nutrição (CIN).

E-mail: liliana.cardoso@ymail.com

Tarcísio Silva Santos

Licenciado em Educação Física pelo Centro de Formação de Professores da Universidade Federal do Recôncavo da Bahia (UFRB).

E-mail: talsilvasantos@hotmail.com

Thalita Brandão Silva Teixeira

Licenciada em Educação Física pelo Centro de Formação de Professores da Universidade Federal do Recôncavo da Bahia (UFRB).

E-mail: thali_brandao@hotmail.com

Sobre o Livro

Formato: 17 x 24 cm

Mancha: 11,7 x 18,3 cm

Papel: Offset 90 g

nº páginas: 304

1ª edição: 2019

Equipe de Realização

Assistência editorial

Liris Tribuzzi

Assessoria editorial

Maria Apparecida F. M. Bussolotti

Edição de texto

Gerson Silva (Supervisão de revisão)

Roberta Heringer de Souza Villar (Preparação do original e copidesque)

Jonas Pinheiro (Revisão)

Editoração eletrônica

Évelin Kovaliauskas Custódia (Capa, projeto gráfico e diagramação)

Douglas Docelino (Ilustrações)

Imagens

IvonneW, colematt | iStockphoto (Imagens de capa)

Érika Karine Almeida Nogueira (Fotos do capítulo 7)

Impressão Meta Brasil